U0579237

现代图书馆管理与服务创新研究

张志国 著

全国百佳图书出版单位  吉林出版集团股份有限公司

图书在版编目（CIP）数据

现代图书馆管理与服务创新研究／张志国著. -- 长
春：吉林出版集团股份有限公司，2023.6
ISBN 978-7-5731-3693-0

Ⅰ. ①现⋯ Ⅱ. ①张⋯ Ⅲ. ①图书馆管理-研究②图
书馆服务-研究 Ⅳ. ①G251②G252

中国国家版本馆 CIP 数据核字（2023）第 115284 号

XIANDAI TUSHUGUAN GUANLI YU FUWU CHUANGXIN YANJIU
现代图书馆管理与服务创新研究

著：张志国
责任编辑：朱　玲
封面设计：冯冯翼
开　本：720mm×1000mm　1/16
字　数：180 千字
印　张：10
版　次：2023 年 6 月第 1 版
印　次：2023 年 6 月第 1 次印刷

出　版：吉林出版集团股份有限公司
发　行：吉林出版集团外语教育有限公司
地　址：长春市福祉大路 5788 号龙腾国际大厦 B 座 7 层
电　话：总编办：0431-81629929
印　刷：吉林省创美堂印刷有限公司

ISBN 978-7-5731-3693-0　　定　价：60.00 元

前　言

　　随着我国经济的发展与文化的繁荣，全国各地公共图书馆新馆纷纷建立，经营的环境也得到了极大的改善。提高图书馆的管理水平、服务效率，是实现图书馆全面、可持续发展的前提。一个国家或地区的图书馆发展水平是衡量某个国家或区域文明程度的重要指标，只有通过不断的创新，才能提高图书馆工作的生命力，使之适应时代的需要。因此，公共图书馆的管理和服务工作必须持续创新，才能推动图书馆的现代化发展。

　　图书馆要充分发挥自身的优势和独特的地位，积极参与信息的过滤、重组、优化和增值等工作。这就要求图书馆先要有秩序，根据一定的目标和功能进行分工协作。在此基础上，图书馆通过整理、处理信息，构建了一个高效的知识空间，并以全新的视角构建了人类知识的全息图像，使得人们能够从宏观上把握复杂的知识板块。

　　服务是一项实践活动，如何提供服务，服务水平如何，反映的是图书馆工作人员职业素质的高低。如何为广大读者提供优质的服务，特别是针对不同读者的不同需求，为他们提供个性化的服务，是目前我国图书馆亟待解决的问题。尤其是在数字时代飞速发展的今天，人们可以很容易地通过网络获得信息，这就要求图书馆工作人员在服务方面进行有效创新，并根据不同读者的需要，对服务做出相应的调整。

　　总之，图书馆管理和服务创新是一项浩大的工程，要使其顺利实施和发展，必须从理念和模式上进行创新，使图书馆工作人员真正意识到创新的重要性；其次要进行体制改革，重视对职工的培训和激励，提高职工的工作热情和创造性。同时，应积极探索新技术，搞好延伸服务，加强图书馆的人性化管理和服务，以改善读者的阅读体验。唯有如此，才能切实推进高校图书馆管理和服务工作的改革，推动图书馆健康发展。

本书是一本探讨现代图书馆管理与服务创新的理论著作。简要阐述了图书馆的类型、图书馆发展中存在的问题、图书馆管理的原则、特征、意义、内容与方法；深入论述了现代图书馆的行政管理、现代图书馆的运作管理、现代图书馆的战略管理，对图书馆的外借管理、人力资源管理、财务管理、全面质量管理、服务管理等方面的内容进行了展开分析；而后聚焦于现代图书馆的服务创新，探索了泛在知识环境下图书馆的服务创新及数字化背景下图书馆的服务创新。

在写作过程中，笔者广泛参考、吸收了国内外众多学者的研究成果和实际工作者的经验，在此，对本书所借鉴的参考文献的作者、对写作过程中提供帮助的单位和个人致以衷心的感谢！同时，有些参考的资料由于无法确定来源和作者，因此没有在参考文献中列出，为此表示深深的歉意。在成书的过程中笔者深感自身所存在的不足，对于书中的不当之处希望广大读者、专家、学者予以谅解，并提出自己的宝贵意见，以便修改完善。

目　录

第一章　现代图书馆发展与管理概述

图书馆的长远、稳健发展离不开一个正确目标的指引，以及一系列有效措施的保障。为读者提供服务是图书馆的主要功能，也是建设的最终目的，在制定图书馆的目标时，要始终坚持以服务对象为本的原则，需要我们对图书馆类型进行一个新的认识，从而让各个类型的图书馆各司其职，并各自确定自己的内容和职能。只有对图书馆的分工和任务进行明确，才能确保图书馆的长远发展。

第一节　现代图书馆的类型

一、高等教育机构图书馆

高等教育机构图书馆是由高等学校管辖，辅助高等学校进行教学的组织，该类型图书馆的主要服务对象是学校教职工和学生。由于该类对象的文化专业水平比较高，所以高等教育机构图书馆不同于普通的学校图书馆，在其馆藏特点、作用、地位和性质上都有特殊之处，在类型划分时作为单独的一个类型。首先，高等教育机构的图书馆主要的工作职责是为本校教职工和学生提供信息资源服务，是高等院校不可分割的一个核心部分，形成高等教育机构图书馆最为显著的特点——服务性和学术性。服务性指高等教育机构图书馆的主要工作职责是将文献信息资源提供给本校内的学生、教师以及科学研究人员；学术性指高等教育机构图书馆除了要为本校教职工、学生提供信息服务外，还需要进行科学研究项目、教学研究项目等研究探索工作。其次，高等教育机构开展教学工作时，也需要高等教育机构图书馆的配合。高等教育机构图书馆不但具有服务性和学术性功能，还要配合学校开展教学任务。例如，信息检索课程、政治思想教育、读者辅导等教学任务，都需要高等教育机构图书馆实施完成。最后，根据馆藏特征，高等教育机构图书馆又包括两种类型：一个是综合型高等教育机构图书馆；另一个是专业型高等教育机构图书馆。这两种类型中以综合型图书馆为主。学校的专业设置和科研方向是高等教育机构图书馆馆藏的主要方向，并在发展过程中越加突显自身特色的馆藏发展方向，从而帮助学校开展教育和科研工作。

总体来说，高等教育机构的文献信息资源库是由高等教育机构图书馆控制，为学校开展教学、科研工作提供信息服务，并逐步发展成为学生课后学习的主要场所。但是，目前高等教育机构图书馆基本上不对外开放，只为本校教职工和学生提供信息服务，导致大量信息资源得不到充分利用，因此对外公众开放将是高等教育机构图书馆发展的一个重要方向。

二、流动图书馆

流动图书馆常常被当作公共图书馆的组成部分，为远离固定图书馆的读者服务的方式。它是利用某种运输工具（如汽车、火车等）装备起来的图书馆，可以任意移动，定期将图书送至各个工矿企业、机关、农场、学校、居民点，开展图书借阅工作，举办群众性的图书宣传活动。也可用按一定规格制作的书箱，运载图书至小城镇，开展巡回阅览工作，为更多的读者服务。[①]

---

① 周文骏. 图书馆学情报学词典 [M]. 北京：书目文献出版社，1991：268.

三、国家图书馆

国家图书馆是将国家级的文献信息资源进行搜集和保存的一种机构，受国家法律保护。现在，基本上每个国家都有国家图书馆，有些国家甚至有几个。中国国家图书馆在北京。

（1）作为国家书目信息中心，编制国家书目和联合目录。中国国家图书馆的主要工作是完成对全国范围内的书目、联合目录和馆藏目录的编制。

（2）收藏并更新大量具有代表性的国外文献（包括研究该国文献），从而建立一个拥有丰富外文馆藏的国家图书馆。

（3）指导其他图书馆的管理，促进合作。国家图书馆是国家一个信息资源总库，为全国其他类型的图书馆数字化、规范化、标准化和网络化提供依据和标准，也是国家信息网络核心和书目中心，为其他图书馆的发展和管理提供了参考依据和标准。

（4）加强国际交流。国家图书馆是我国的一个形象代表，在国际图书馆组织活动中发挥着重要的作用，可以与其他国家图书馆开展信息互换和共享，从而加强与国际图书馆的交流和协作。

（5）协调研究与发展工作。国家图书馆将最前沿的信息资源引入图书馆学的发展和研究中，并进行全国范围学术研究工作的组织和管理，对国内图书馆研究的深入和发展具有积极作用。

四、公共图书馆

相对其他类型的图书馆，公共图书馆起源比较早，最早出现在古罗马时期。其真正兴起则要追溯到 19 世纪后期的英美等国家。该图书馆为所有公民提供信息资源服务，一般由地方政府进行拨款，受到法律保护。所以，公共图书馆具有地区性、开放性和政府支持的特点。

中华人民共和国成立后，公共图书馆得到很好的发展。目前，国内公共图书馆超过三千家，从行政区域上可以将其分为国家性以及省级、直辖级、自治区图书馆，还有一些地区性的、乡镇以及街道性质的图书馆。

公共图书馆的馆藏性质基本上以综合性为主，并设置一些地方性的文献信息存储。大中型的公共图书馆还设置分馆，为不同行业、不同年龄和不同文化层次的读者提供信息资源服务，并为当地的用户提供阅读服务。

五、学校图书馆

学校图书馆指附属于高等教育水平以下各类学校的图书馆，主要功能是为校内学生和老师提供服务。

六、科学专业图书馆

科学专业图书馆主要是指为科研机构专业人员提供文献信息资源服务的专业图书馆。在我国，科学专业图书馆多隶属于相应的科研机构。[1]

这些图书馆的主要工作是在各自领域内进行收集、整理、保管和共享信息资源，同时对信息研究和开发项目进行深入挖掘和开发，使得各领域的科研人员都能够得到信息资源的及时补充和支持，让图书馆获得全面高效的发展。

七、保存图书馆和存储图书馆

这种类型的图书馆馆藏利用率通常较低，用于储存一些冷门行业的文献信息资源。[2]

---

① 王琳，陈军，何谋忠. 信息检索与利用 [M]. 兰州：甘肃文化出版社，2016：48.
② 李豫诚，罗琳. 信息时代图书馆发展与文献建设工作 [M]. 成都：电子科技大学出版社，2021：26.

第二节　现代图书馆现状及发展中存在的问题

一、现代图书馆现状

（一）图书馆建设事业得到迅速发展

图书馆事业是一种文化现象，图书馆事业建设不能不受社会制度、社会结构和经济发展水平的制约。在各国图书馆事业建设中，有共性，也有各自的特殊性。

图书馆事业建设应与国民经济和科学文化教育事业的发展水平相适应。根据经济基础和上层建筑相互关系的原理，图书馆事业的发展水平是由经济发展的水平所制约的，经济的发展水平是影响图书馆事业发展的决定性条件。只有经济发展，才能为图书馆事业的发展提供物质条件。另外，图书馆事业作为科学文化教育事业的一个组成部分，它又由整个科学文化教育事业的发展水平所决定。只有整个科学文化事业发展，才能促进图书馆事业的进一步发展。

在过去的几十年中，中国图书馆事业以其不平凡的经历创造了我国历史上从未有过的辉煌。

（二）现代化图书馆在我国快速发展

随着现代技术的快速发展，社会已经进入信息大爆炸时代。传统的图书馆已完全不能适应现代快节奏生活的需要，因此，应用现代化技术的图书馆应运而生。现代化图书馆就是应用于图书馆各方面工作的现代技术。现代技术主要是指第二次世界大战以来出现的各种新技术，它和图书馆工作结合后，使图书馆工作发生了深刻的变化，图书馆事业进入一个新的发展阶段。

随着信息时代的发展，特别是网络技术的高速发展，为人类社会的进步营造了一个前所未有的信息空间，也给图书馆这一重要的社会信息服务系统带来了巨大的挑战同时提供了难得的发展机遇。图书馆资源数字化馆舍的虚拟化、服务的社会化、发展集约化成为图书馆未来发展的最佳模式。

1. 资源数字化

随着信息时代的到来，图书馆也必将是朝着数字化方向发展，建设数字图书馆，这是毫无疑问的，业界也讨论很多。资源数字化包括资源的存在形式（或载体形态）数字化、资源的组织数字化和文献信息服务体系建设数字化。资源的存在形式数字化包括馆藏资源数字化和社会资源馆藏化。

2. 馆舍虚拟化

伴随着全球网络化的迅速发展，特别是互联网的出现，已经构成了人类有史以来最大的信息资源网络。在网络环境下，图书馆的资源结构发生了深刻变化。在信息时代的知识社会，图书馆的发展不再是一个独立的实体，而是信息社会系统里的一个知识功能模块。在实体馆藏资源的基础上，建立具有联机检索功能的数字化图书资源，任何图书馆如果离开数字化图书资源而仅靠自己有限的实体馆藏资源来提供广泛的服务，是不可想象的。很有必要在互联网上建立一个统一的、具有全面共享的、高速的、安全的、不受时间和空间限制的随时随地都可使用的智能化的虚拟图书馆。

虚拟图书馆是在信息时代应运而生的一种虚拟运作模式，是为了适应不断发展的现代技术，以便使各图书馆在不同的地方进行协作，它是由具有相同目标的图书馆组成网络联盟，为了共同开发信息市场和发展服务而进行连接。随着现代技术的不断发展，传统的图书馆运作模式已无法满足不断发展的社会，所以图书馆为了扩大馆藏资源以及更好地为读者提供服务，就会以信息网络为基础共享技术与信息，构建一个共同发展、分担成本和相互联系的图书馆结合体。虚拟图书馆的到来让藏书建设的概念和理论发生了变化，不同于以往的图书馆藏书建设体制和内容，在此基础上扩大了图书馆信息资源的空间范围，并且改变了以往的服务方式，将以前的多馆协作和共享资源变成现实。虚拟图书馆是数字化、电子化的图书馆，但数字化、电子化的图书馆并不意味着它就是虚拟图书馆。数字化、电子化的图书馆指的是一种特定的图书馆实体，它是自动化系统发展到一定程度之后图书馆的馆藏资源数字化、电子化。而虚拟图书馆应该相当于全球图书馆及全球信息库，它并没有具体的图书馆形态，也不只包含一个图书馆数字化、电子化的结果，它超越了以往对图书馆的限制，其可以利用互联网进行远程信息与知识获取。可是各个数字图书资源的支撑平台，如何把全国各地彼此分散的、异构的、杂乱的数字图书资源整合到统一的平台上是一个难点，而不断完善的网格技术，可以实现网上所有资源（包括硬软件资源、计算资源、存储资源、通信资源、信息资源、知识资源等）的全面联通。将地理上分布、异构的各种高性能计算机、数据服务器、大型检索存储系统和可视化、虚拟现实系统等通过高速互联网络连接并集成起来，共同完成一些重大应用研究问题，实现对各种计算资源的访问，以及对所有数据资源的统一访问。网格技术的根本特征就是资源共享，它把整个网络整合成一台巨大的超级虚拟计算机，实现各种资源的全面共享。

文献信息资源的数字化，图书馆实体的虚拟化，是图书馆发展的方向，真正意义上的数字图书馆可以不受任何约束地通过网络图书馆调出其他馆的文献信息，变缺馆藏为"有馆藏"，真正变为"无墙图书馆"。

（三）文献信息服务出现新面貌

人们通常在图书馆学习和查阅资料，这就表明图书馆要有丰富的馆藏资源以及能合理开发和利用馆藏资源，这会影响图书馆的发展。图书馆赖以生存和发展的基础是丰富的馆藏资源，图书馆之后所进行的研究与利用都要在馆藏资源的基础上进行。但是如今信息爆炸，各种各样的文献层出不穷，文献的形式、语言、流行速度等都和之前有所不同，传统的图书馆收集方式已无法满足不断变化的现状，基于这种情况，人们对于利用文献学习感到十分不容易。图书馆通过对文献信息资源的加工整理和科学分析，并对资源进行引导，使其成为一种持续不断、秩序有然的信息流，从而可以更方便地进行交流和传递，让读者能够更好地利用这些信息。图书馆的文献开发工作包括：第一，对入馆文献进行接收，之后将文献进行注册和归类，并将目录编辑出来，最终将它们分发到各借阅部门，实现科学化排架以及合理化流通。第二，对图书馆外的文献资料进行搜索和甄别，从而建立起一条更宽广以及更快捷的信息交流通道。第三，运用现代计算机网络计算技术，对图书馆的书籍材料进行数字处理。

文献传递服务主要是解决如何通过图书馆获取自己无法找到的文献资料的问题，文献资料包括国内外的图书、论文和专利等，主要来源于 CALIS 和 CASHL 两个文献传递服务网内成员馆馆藏及国家科技文献中心（NSTL）和中国地质图书馆等。

1. 电子图书馆的出现让文献信息服务迈上了一个新台阶

电子图书馆的出现伴随着电子刊物的出现以及网络通信技术的发展。电子图书馆的优点是信息传播速度快、信息存储容量大且成本低廉，相较于传统的书籍保护可以保存更长时间，方便人们使用。作为一种巨大的存储器，光盘所能储存的信息量是普通书籍的数千倍，远远超过微型胶片的存储数量，而且它还包含了影像、声音等。

利用 Microsoft Visual Fox Pro 技术管理图书馆里的图书，对馆外文献信息资源进行搜索、过滤，成为虚拟馆藏，形成更加宽广、快捷的信息通道；利用现代最先进的手段，也就是计算机网络技术，图书馆可以将馆藏文献进行数字化，这样便于读者从海量的书籍中迅速查找到自己所需要的资料。用这种方法可以更好地储存信息，而且不会发生霉变、寄生虫之类的问题。通过互联网，无论在单位还是在家里，哪怕在几千里之外，都能高效地进行阅读，大大方便了人们的生活。

2. "读者至上"的文献信息服务

读者至上是我国图书馆发展的根本目标，是为了更好地满足和为读者创造利益，并以读者的满意度作为衡量图书馆服务工作的指标。正是由于图书馆始终坚持把读者的利益放在首位，才能不断发展和创新服务，使得文献信息服务呈现出以下几个新特点。

（1）长时间、全方位地为读者服务

现在很多的图书馆已做到了 365 天开放，每周开放 72 小时，大大方便了读者，使图书馆真正成了"读者之家"。

（2）服务对象更广泛、服务更便捷

扩展了服务范围，放宽了发放许可证的范围，一些图书馆已实现了不带许可证就可在图书馆里阅读，办理借书证也不设条件，实现了公共图书馆无条件开放。

（3）开放性文献信息服务

现在很多的图书馆馆藏文献实行全方位开架，让读者最大限度地接近馆藏，从而大大提高了读者对文献信息资源的利用率。

（4）提升图书馆的服务空间

设立馆外图书流通点，通过送书下乡、文化扶贫、送书到军营、工地等，全方位、多角度地拓宽了图书馆的服务空间。

（5）加大对文献资源的开发力度，增强图书馆的信息服务功能

图书馆的文献服务从以整体书籍和杂志为单位到以知识和信息为单位，为读者提供有目标的服务。同时，还提供了情报咨询代查代译、定题服务、专题剪报等多项服务，图书馆的服务逐渐朝着信息服务深入，符合社会发展的要求。在服务的全过程中，对文献资源进行挖掘、开发和引导，以便更好地满足读者需要。

（6）另辟蹊径的特色服务

此外，还有一些图书馆提供特色服务，例如，北京东城区图书馆设立了包装材料馆；深圳图书馆在馆中设置了法律馆和时尚馆等"馆中之馆"；上海市曲阳图书馆开设了影视资源馆；郑州科学技术馆设立了一个食品馆；南京金陵图书馆设立了一个广告人图书馆等。各图书馆在做好日常工作的同时，也为读者提供更多有特色的信息服务，这也是各图书馆进一步加强服务的重要特点。

（7）与活动相结合，形式多样

如今，许多图书馆都在提倡读书，开展积极向上的读书活动以及一些社

会性的文化活动。例如，举办读书报告会、多种内容的讲座、进行优秀书籍推荐活动、举办新书展等各种形式的读书活动，以此来提高人们的阅读积极性。

（8）借助互联网的发展

现代图书馆离不开互联网的发展。开拓网上服务，网络资源更新的速度很快，且具有迅速、交互、图文并茂的特点，图书馆还以积极的姿态培训用户，以求将更多的用户带入一个全新的知识天地。

（9）延伸性服务

业务部门开展延伸性信息服务，如通过科技查新、文献检索、翻译服务、培训服务等，为科研和企事业单位提供服务。[①]

二、现代图书馆发展中存在的问题

（一）经费短缺，发展失衡

经费短缺是世界各国图书馆所面临的普遍问题。在美国，由于书刊涨价和联邦预算减少，许多图书馆经费匮乏，资金不足与馆舍空间不足也是困扰美国图书馆界的两大问题，有些图书馆还曾面临濒临关门的境遇。在我国，图书馆经费短缺现象则更加普遍和突出。[②]

随着信息技术的发展，图书馆要改变以往的服务形式，以便在信息化背景下更好地满足读者需要，否则不利于图书馆的职能发挥，甚至会影响图书馆的后续发展。

众所周知，我国图书馆的经费起点低，尽管图书馆经费经历了较快的增长，但直到目前，其绝对数额依然较小。考虑到目前图书馆基本支出特征——书刊价格不断上涨、需要采购的文献类型日益多样、以现代信息技术为核心的设备更新日益昂贵、人民生活水平改善后对办公及阅览条件的不断升

① 刘芳芳、赵晓丹. 图书馆管理与开发利用研究［M］. 天津：天津科学技术出版社，2020：45.
② 段知雨. 图书馆管理与资源开发建设［M］. 长春：吉林文史出版社有限责任公司 2021：144.

级，目前图书馆经费远远不能满足其正常发展的需要。

尽管我国图书馆经费的整体水平得到了较大程度的改善，但由于各级图书馆所处的经济环境不同，地区间的差异很大，发展处于一种分化的状态。在经济不发达的地区，图书馆的经费投入没有保障，部分地区图书馆难以维持现状，许多地方甚至没有图书馆，特别是在西部农村，这种现象更为严重。经费投入不足、地区发展失衡已经成为我国图书馆可持续发展最为突出的问题。

1. 投入不足，图书馆的整体发展水平还相对落后

相对于其他社会事业而言，我国的图书馆事业存在着资金短缺、社会不重视等问题。图书馆的资金支出大部分都花在了员工的工资上，只有很少的钱才会用于扩大馆内藏书。由于缺乏资金的支持，很多图书馆存在着图书短缺以及图书不能及时更新的问题，与国际图联规定的人均藏书 1.5~2.5 本相差甚远，远远不能达到这个标准。图书馆不仅在藏书方面有些问题，还存在馆舍老化、服务设施落后以及技术不达标等问题，很多地方的图书馆都已年久失修，如今已是简陋残破的模样，馆内的设备也只是个摆设，很少用来实际操作。

2. 图书馆的发展不平衡，区域差别特别明显

首先，分析东西部的图书馆发展情况可以发现它们之间的差距日益扩大，这与经济发展不平衡有关系。其次，就县级图书馆而言，与市级、省级以及国家图书馆进行比较，因为各级图书馆的投资主要依靠同级别的财政，所以从目前的情况来看，市级、省级以及中央的财政状况比起县级而言好太多，这也表明它们会在图书馆上投入更多资金，县级图书馆的情况要差很多，技术、设备、人员素质等都远远不及市级、省级以及国家图书馆，县级图书馆的发展速度缓慢。最后从城乡差异来看某些城市所辖区县的县级图书馆和某些农村县的县级图书馆之间的发展差异也很大，有时候一些城市所辖区县的县级图书馆要超过某些省的省级图书馆。

(二) 管理体制尚待改进

图书馆管理体制是指对图书馆实施控制、监督、指导、操作的机构安排

以及这些机构间的权利义务关系。具体地说，图书馆管理体制决定着谁负责制定图书馆的方针、政策、标准；谁负责给予图书馆政策拨款；谁决定它的发展规划；谁对它进行监督约束；谁在业务上对它进行指导等一系列问题。

在我国，各级地方政府是我国图书馆发展的主要决定者，地方政府不仅掌握着图书馆的发展的财权、规划权、决策权和管理权，而且地方政府对这一权力的运用情况受到的约束和监督很小，几乎没有。此外，各级图书馆所处的经济环境不同决定了我国图书馆在管理体制上实行条块分割、各自为政，难以形成协同运作、优势互补、高效服务的图书馆体系。这种管理体制致使图书馆产生了分配不公、效率低下等恶果，严重影响了图书馆正常功能和作用的发挥。

（三）服务内容单一

现代社会人们渴求获得不同的、深层次的信息与知识，但是作为信息部门之一的图书馆由于计划经济体制的影响，固守传统的做法致使服务内容一直停留在简单的书刊借阅上，对文献信息深加工与开发利用浅尝辄止，除纸质印刷物外，其他先进的文献信息载体形式收存甚少。这样远离市场经济需要的服务造成大多数图书馆目前难以满足读者多方面、多层次的综合性需求，从而降低了图书馆的社会地位。

由于受传统的图书馆管理理念的影响，目前人们对图书馆的认识还停留在以馆藏数量来衡量的阶段，分享意识不强，整体观念不强，保守的形式主义、本位倾向比较突出，对大而全、小而全的要求也比较高。领导们的信息管理意识不强，对图书馆工作的重要意义还没有完全理解，他们采取了自我封闭、自给自足的态度，一味地追求大而全，从而导致了信息资源的重复投入并产生了严重浪费。读者对图书馆的类型、地点、藏书量等都不感兴趣，他们关注的是图书馆能够提供怎样的信息资源和服务，他们不会再去实体图书馆，更多的是利用互联网来获得需要的信息。

很多图书馆的资源和服务都是分散的，不能提供一站式的信息服务。以图书馆为核心的服务，被动等待着读者到来。馆藏资料不完整，部分资料缺失。但因工作机构之人力、器材等条件所限，使得图书馆服务工作受到诸多限制，导致馆藏资源利用率较低。图书馆的工作人员对于学术研究的积极性并不高，他们觉得这是专家学者的研究和讨论，自己只需要做好本职工作就行，这就降低了图书馆工作人员的工作热情。

（四）图书馆工作人员整体素质有待提高

目前图书馆普遍存在的矛盾是：读者用户日益增长的信息知识需求与图书馆的信息知识提供能力相对落后之间的矛盾。而造成这一矛盾的主要因素就是图书馆工作人员的整体素质相对较低。

另外，尽管许多图书馆的人才结构比前几年有了很大改善，但是大多数工作人员并不是图书馆学和计算机专业出身，知识结构比较单一，专业结构也比较不合理。一些工作人员的专业知识水平较低，就算他们有着良好的服务态度，也不能从根本上解答读者的疑惑。此外，由于培训体系不健全，使得他们的传统技术和知识水平与图书馆的现代化发展相脱节，越来越不能满足读者对图书馆的需要。

如今的图书馆馆员一般都年龄偏大，个人素质偏低，对现代科技的认识滞后。图书馆要实现信息化、数字化和电子化离不开馆员的支持，但是年龄较大的人群对新事物的接受速度比较慢，不敢使用计算机和网络，这必然会对图书馆向现代化方向发展产生一定的影响。高学历、高素质以及有志于图书馆的年轻人才，却没有进入图书馆的机会，这使得图书馆完成信息化和网络化成为一种奢望。在这种情况下，图书馆工作人员将从仅仅面对书籍转向面对电脑和网络，其服务的内容、方式、途径等都有了很大改变，这就对馆员的专业素质提出了更高要求。图书馆馆员之间也存在差距，下层操作人员可能会误解管理人员的管理意识，会导致上下级之间理解不一致，从而无法完成标准化操作，导致网络安全方面的措施很难取得理想的效果。我国图书馆事业存在的这些问题，在很大程度上制约了现代图书馆的发展，如果这些问题得不到有效解决，图书馆现代化建设就不能实现，这会在很大程度上限制现代图书馆的发展。

第三节　图书馆管理的原则、特征及意义

一、图书馆管理的原则

（一）坚持求实态度的原则

图书馆在开展工作的过程中要坚持实事求是的原则，这将是图书馆开展一切工作的出发点和落脚点。图书馆管理要想在 21 世纪有新的发展，就需要在工作中尊重事实，一切工作都必须从实际出发，既不能一味地强调创新而忽略客观实际，也不能闭门造车。而是要将图书馆的管理工作同人类的发展、时代的发展、国家的发展结合起来，只有这样才能使管理符合人的发展需求，才能在工作中找到新的突破点。

（二）坚持开放式管理原则

21 世纪，图书馆面临着越来越严峻的挑战。随着社会的发展，人们对信息需求的时效性、便捷性要求更高，传统的图书馆已难以满足读者的需求。在此背景下，现代图书馆的观念发生了明显的转变，突破了传统观念的束缚。传统的图书馆注重收藏，轻视利用，而现代图书馆注重收藏和利用的相结合；传统图书馆主要为封闭式的图书馆，对指定的人群进行开放，现代的图书馆逐渐向开放式转变，向越来越多的人开放；传统的图书馆管理方式比较落后，现代图书馆开始利用新技术、新手段实现自动化管理。这种观念的变化与新时期社会政治、经济、文化的发展相适应，满足科教、文化各项事业的现实需要。

（三）坚持科学决策原则

在大数据时代下，很多图书馆还在借助几个领导的知识能力来解决各种复杂的问题，这极易造成决策上的失误。这就要求图书馆改变原有的决策方式，在进行决策的时候图书馆可以借助大数据、云计算等先进的信息技术，从中抓取、检索各类非结构化数据，实现对情报信息的有序化加工、处理。之后，建立一支专业的智囊团队伍，集思广益地听取他们的意见，这样可以提高图书馆管理的效率，较少因考虑不周而带来的失误。此外，为了保证决策的科学性，在决策的时候可以参照前人的经验或与其他图书馆进行沟通，积极吸取他人的长处，并从缺点中反思自己，努力实现科学的决策。

（四）坚持以人为本管理理念的原则

不管社会如何发展，图书馆都应该始终坚持以人为本、以读者为中心的服务理念，尤其是有着沟通读者与图书馆纽带作用的馆员，更应该树立人性化的服务理念。馆员在图书馆读者服务中起着关键的作用，馆员的态度、行为与素质直接影响读者服务的质量，因此，在图书馆的发展过程中，图书馆馆员需要具备创新服务的意识，这就要求图书馆馆员在对图书馆进行管理的时候，做到尊重读者、爱护读者，把满足读者的阅读需求作为自己工作的中心和重点。同时，需要与读者建立良好的关系，将被动的服务变为主动的服务，这是因为图书馆传统的被动服务已无法满足现代多样化的读者需求，为此，图书馆应该与时俱进，在转变服务理念的同时，还应积极了解读者的需求变化，创新服务内容，自觉主动地为读者提供服务。尤其是作为馆员，要在工作中不断完善自身专业素养与技能，对馆藏资源进行分门别类的整理，便于查找，同时熟悉工作流程与业务，能够针对不同的读者、不同的需求，及时主动地为其提供所需的文献信息，从而真正发挥图书馆员的主观能动性作用。

（五）开源和节流原则

长期以来，我国图书馆在各项内容建设都存在比较严重的资金短缺问题，由此导致各项建设的硬件投入、软件升级、系统维护、人员培训等都无法顺利地开展，以至于图书馆的现代化建设和运行面临着严重阻碍。在图书馆建设中，需要图书馆领导做好设备、软件设计、维护以及升级等问题的经费保障工作，尽可能满足建设各个方面对于资金的需求。同时，图书馆还需要积极拓展资金来源渠道，可以申请专项经费或者社会科学基金的支持，遵循开源和节流并重的原则，用最少的资金做尽可能多的事情。①

二、图书馆管理的特征

（一）高科技的管理特征

图书馆管理的高科技特征主要体现在数字化和网络化两个方面。

1. 数字化

如今是信息爆炸的时代，这几十年内人类创造了比过去几千年都多的信息，复杂且烦琐的信息增加了工作的难度。因此，实现图书馆的数字管理已成为当务之急。图书馆的数字管理有两大特点。一是图书馆文献的数字化。也就是把从过去流传下来的纸质文献，通过数字化处理转化为多媒体信息，可以将其变成文本、图像、音频等，这可以延长文献的保存时间，方便人们使用；同时，图书馆还要直接开发数字出版物，建立各类数据库，为人们提供各种类型的文献资料，使人们能方便地寻找到自己需要的信息。二是实现图书馆服务的电子化。以文献索引为基础为读者提供文献检索服务；为读者开放多媒体电子阅览室，并向读者提供借阅器材，以方便读者查阅各种电子出版物等。

2. 网络化

当今，互联网已成为图书馆管理、存储、交流和传播信息的重要手段。

---

① 马利华. 图书馆信息管理与服务研究［M］. 延吉：延边大学出版社，2019：21.

图书馆各个部门的业务工作以及馆藏目录、搜索文献、读者咨询、书籍借阅等多项功能的图书馆服务都集中在一个窗口主页下进行，从而极大提升了图书馆的运行效率，读者能更方便地使用图书馆服务。

基于网络化的图书馆管理可以更好地适应现代技术的改变。互联网最大的优点就是它所拥有的信息量极其庞大，目前能够被检索到的页面数量已经突破了十亿，并且每天还在以十万页，将近两千万个字的速率增长着。然而，由于网络信息地理位置分散、没有固定的组织、信息类型复杂、有着极强的变化性以及网址变更频繁等特点，所以对网络信息的管理就显得尤为重要。为用户提供更为便捷的网络信息服务，是图书馆工作的重点。

（二）知识管理的特征

1. 信息资源的知识管理

传统的图书馆仅仅是对知识性内容的载体——图书进行管理，并以满足读者最基本的查找图书需要为主要服务内容。现代图书馆注重对知识内容进行管理，以寻求知识为服务导向。在此基础上，建立一个以内容以及相应的查询方法为主体的大规模知识库，从而实现知识的价值增值。在这种情况下，如何根据知识管理的需要，合理地调整和安排图书馆的工作内容，是当前图书馆工作的重要内容。

2. 人力资源的知识管理

知识是在人们的头脑里存在的，人们都需要通过大脑调动知识。对某一领域的知识进行挖掘是知识管理的一项主要工作。实施人力资源知识管理，要突出以能为本，要把人的能力作为管理目标和重点，要让有知识、有能力的人走上关键岗位，发挥他们的才能；重视知识领航者的角色，提高图书馆人员的检索水平，使他们能帮助读者在最短的时间内得到最有价值的文献。重视知识专家的角色，通过培训和引进，在图书馆中聚集一群能够运用多种专门知识的专家，能对图书馆进行全面分析，为读者提供有深度的决策咨询。

（三）持续发展的管理特征

1. 信息资源可持续发展的管理特征

从外部表现看，图书馆可持续发展体现在不断地满足人们的信息需要，从内部表现看，可持续地配置、开发、利用和保存信息是图书馆的管理特征。

（1）使图书馆的信息资源能够得到有效利用。主要做法是构建文献流通监控机制，对文献资源的使用方向以及各种类型文献的流通比率进行全面了解，从而为今后对图书馆藏的种类、数量进行更深层次的开发以及扩充新的来源奠定基础。

（2）以可持续发展的方式，使图书馆的信息资源得到充分利用。这就需要利用现代技术手段和科学方法，对知识文献展开更深层次的开发，从对单纯提供文献线索为主转变到研究文献知识单元间的关联。

（3）以可持续的方式使用图书馆的信息资源。图书馆经营中的藏和用之间的冲突就是图书馆的管理矛盾。这种冲突在整个图书馆的工作中都是存在的。如何正确地把握好藏与用之间的关系，并有效地解决它们之间的矛盾，这是图书馆事业管理始终需要关注和解决的重要问题。因此，应加大对知识产权的保护力度，为实现图书馆可持续发展提供法律保障。

（4）建立一种可持续保护图书馆资料的方法。这就要求图书馆在管理方面，要建立一套非常严谨的文献保护方法，努力提升科学保护文献的水平，尽可能地延长它的使用寿命，通过现代化的科技手段，不仅要对文献进行利用，还要妥善保管好文献，这样才能让后人一直使用图书馆资源。

2. 人力资源可持续发展的管理特征

图书馆的可持续发展体现在内部表现来看是自身具有可持续发展的能力，分别体现在人员配置以及开发和使用装备等方面。

（1）图书馆能够合理地分配人才，从而实现可持续发展。图书馆要想实现可持续发展，关键是要培养出高素质的人才。为了适应飞速发展的社会需要，我们要努力改进图书馆的人力资源组成，将更多专业的人才吸引到图书馆管理工作中来，对专业技术人才进行合理配置，要做到老、中、青三方面的结合，尤其要重视对年轻骨干的选择和使用，要为他们提供良好的环境和平台，使他们能充分发挥自己的才能。

（2）以可持续发展的方式，促进图书馆人才的发展。这就需要图书馆创新自己的管理团队，变成追求可持续发展的组织。最基本的方法是营造一种提倡冒险和奖励创新的环境，并鼓励员工自我提升，从而不断激发员工的创新精神。

（3）以可持续发展的方式利用图书馆的人才。一是充分挖掘每一个职工的使用价值。根据他们不同的性格、能力、知识水平等方面的内容，对不同的职工进行合理分配，使其发挥最大作用。二是图书馆实行以德治馆。创建具有中国特色的图书馆文化，营造出一种人人尽职、人人争先的良好环境。

（4）建立一种可持续发展的图书馆人才储备体系。在当今世界，知识生产和更新的速度越来越快，人们更加关注自身素质的提高，因此，对知识的需要是一个终身的过程。随着社会的发展，人们面对的知识更新速度越来越快，每个人都有知识更新和能量补充的迫切需求，因此，终生学习已经是一种全球性的发展趋势。同时，图书馆也要根据员工的能力和兴趣，采纳员工的建议制订并执行与图书馆组织需求相适应的个人发展方案，这样才能持续激发馆员的工作热情。

总之，高科技、知识经济和可持续发展是当今时代发展的特征和主题，图书馆要迎接时代的挑战，获得进一步的发展，就要不断加强在这三个方面的建设和管理，最大限度地发挥图书馆的经济效益和社会效益。①

三、图书馆管理的意义

（一）图书馆管理是图书馆发展的需要

一个图书馆少则几十人，多达数百人甚至上千人，其工作内容复杂，程

① 杨丰全. 新形势下图书馆创新性管理与服务 [M]. 长春：东北师范大学出版社，2018：90.

序繁多。面对这样一个系统工作，需要将它的工作环节的每一个单元环节、物资设备和工作人员按照一定的组织法则有序地装配在一个系统的链条上，加以调节，合理运作，统一指挥，否则，图书馆无法完成其方针任务。

随着社会的发展以及科技文化的进步，图书馆的规模越来越大，种类越来越多，与读者的关系也越来越密切。这表明图书馆不再是一个独立的存在，它是一个社会化的有机体，所以，必须要用管理将图书馆与读者以及不同图书馆之间的关系联系起来。图书馆事业是一门综合性的学科，由各种不同类型的图书馆组成。为了实现国家级别的图书馆工作合理布局，实现其和谐有序的发展，就需要对国家图书馆工作进行科学一级高效的管理，将其作为整个社会的公共财产，并使其得到充分开发与使用。

（二）图书馆管理是信息服务和用户需求的需要

图书馆面对日益变化的局势需要不断调整自身服务，科技的飞速发展、文献数量的急剧增长以及信息污染的加剧，这都需要图书馆提高文献信息搜集整理效率。在面对内容复杂、数量巨大、载体多样的文献信息时图书馆要进行精确地采集、快速的加工和科学的管理。图书馆还要提高自身的服务水平，利用现代科技及时准确地向具有多种需求的不同读者提供知识信息。因此，要合理地安排图书馆的工作，不断培养馆员，调查并预测人们所需要的社会信息资源，并合理分配这些资源，使读者的需要都能得到满足，这就是图书馆管理所要承担的责任。

（三）图书馆管理是图书馆现代化的基础

现代图书馆是以馆藏多样化、技术自动化、工作规范化、组织管理科学化、服务网络化、存储数字化为特征。以网络为代表的现代化科技设备及其应用，必须依靠组织严密以及操作规范化才能有效运转，才能最大限度地发挥功能，使图书馆可以提高自身服务水平。由此可见，科学管理不仅是现代化的重要内容和条件，还是实现图书馆现代化的基本保证。①

第四节　图书馆管理的内容与方法

一、图书馆管理的内容

在现代图书馆的管理过程中，要进行决策、规划、组织、控制和协调等工作。这些因素并非孤立存在，而是有所联系，在整个管理活动中都发挥着重要的作用，从而构成了具体的图书馆管理内容。

（一）决策

没有科学的决策，就没有图书馆及其子系统的顺利管理。图书馆系统的决策，具体内容有图书馆的发展方针、政策和战略方面的决定，以及对各种业务工作的决定，例如对收集的文献种类和数目进行决定，选择分类方法，选择馆藏划分的最优方案，选择排架方式，以及选择图书的保存方式等；关于职工方面的决策，其中包含了如何确定人才的智力结构，如何制定人才的更新和培训方法，如何制定奖励和惩罚体系等，比如资金的分配、设备的选择以及人员调动等方面的内容。正确的决策离不开正确判断，但判断不会总是正确的，这就需要在工作中细致观察并研究。所以在制定政策时需要进行调研，这样可以有效减少或避免错误。

（二）计划

这是一项在图书馆管理工作中十分重要的工作。计划是对未来进行预测、确定目标、确定方针、选择方案的一系列的过程，它是图书馆所有工作

① 谭晓君. 图书馆管理与服务创新研究 ［M］. 天津：天津科学技术出版社，2018：13.

的纲领，是图书馆体系中所有工作的基础。

图书馆计划包含了两方面的主要内容：一是对全国图书馆整体发展的计划，二是对个体图书馆的计划。对国家图书馆的发展战略主要有以下几个方面：①明确图书馆发展的总体目标和计划，确定图书馆发展的优先目标和比重，实现各类图书馆的均衡发展。②图书馆网络建设计划。确定图书馆网络的组织方式和结构。③对职业人才进行培训。它包含了各种类型的教育，如普通的学校教育、函授教育、职业技术教育、在职教育等。④科技创新和协同发展规划。主要内容有：基础理论研究、重大科学课题研究、社会活动承办、技术引进和重大合作项目等。个人图书馆的发展计划可以分为长远性和短暂性；有全馆的发展计划和每个业务单位的计划，有图书馆的总体发展计划和每个部门的发展计划等。

（三）组织

组织是将各种必要的资源整合起来，并组织各种活动和各部门之间形成一种联系的过程。管理功能的发挥、管理目标的实现以及计划的完成，都离不开组织的保障。组织工作既是一种分工过程，又是一种将各个方面组织起来进行合作的过程。组织工作还包含了人员调配工作，也就是在组织的工作流程中，为设定的工作岗位提供合适的员工人选。为此，在图书馆管理体系中，要建立完善的组织结构，明确各岗位的责任，建立不同层次的工作人员的联系，使其责任清晰，权责一致。在此基础上，图书馆进行各种科学决策和合理计划以达到实际工作的目标。

（四）领导

领导工作就是对员工施加影响使他们达到组织的目标。其中包括了激励、领导风格、沟通等方面的内容。图书馆应构建科学的领导团队，注重对领导人才的选择，重视培育领导团队的智慧，增强领导团队的凝聚力和合作能力。图书馆的领导除了对奖励权力、强制权力进行适当运用之外，还要注重对图书馆的专业知识和管理知识的学习和掌握，提高自身的各项能力，增强自身的专业权力和个人影响力，使得领导可以做出科学决策，为图书馆发展制定合理计划，从而实现图书馆的可持续发展。

（五）控制

这就是按照既定的工作计划以及标准去衡量各项工作的结果，并对偏离既定结果的情况进行修正，从而让工作按照计划的方向进行。因此，控制并不只是评价已有的工作结果，更多的是要意识和判断工作的发展方向，并为工作的改善提供信息支持。如果没有好的信息反馈，图书馆将不能很好地掌握自身的工作。这是由于控制作用是由四个链路来完成的：输入、中间切换、输出和反馈。输入有两方面的内容，一种是物流的输入（包括资金、人员、文献、材料、设备等）；二是信息流的输入（包括各种决策、政策、计划等）。中间切换是指在不同层级的图书馆体系内物流和信息流的真实流动过程。输出包括各项指标，如产量、品种、成本等。反馈是将输出的信息再流传到输入端，与输入的物流和信息流进行对比，找出不同之处以及原因，从而实现了对目标的控制。在整个管理过程中，反馈是最为关键的一个环节，反馈的信息不全部都是真实的，这就需要对反馈的信息去进行分析和解读，从而能够有效地控制图书馆体系中的每一个工作步骤，使得图书馆可以顺利完成工作任务，获得最好的服务结果。

（六）协调

在图书馆的管理活动中，协调工作是必不可少的一环，协调工作能保证图书馆事业的发展，也能保证图书馆工作的顺利进行，从而避免出现各种矛盾和错位。从微观上讲，图书馆协调是指图书馆在垂直与水平两个层面上的协作。纵向协调，就是要保证图书馆各个层级的子系统间的均衡；横向协调，就是要保证图书馆系统中的各个层级之间的相互配合，防止图书馆在进行某项工作时，各部门之间出现脱节和不协调的情况。从宏观上讲，图书馆与外界的合作是图书馆与外界的合作。图书馆间的合作又可分为垂直合作与水平合作。垂直层次的协调是指本系统图书馆从上到下的协调；水平层次的协调是指本图书馆系统方针、发展计划等与其他图书馆系统之间达到协调。如省级图书馆属于公共图书馆系统，除了要与整个公共图书馆系统协调外，还要同高等学校图书馆系统、科学图书馆系统及其其他图书馆系统进行横向协调，使各个图书馆系统紧密联系、均衡发展，从而充分发挥各类图书馆的功能，为广大用户服务。[①]

二、图书馆管理的方法

（一）行政法

图书馆管理的行政方法，指的是图书馆管理部门和领导，以自身的权力为基础，在服从的基础上，采取下达指示、命令、规定等形式或是以任务的方式，依照图书馆的组织层次以及行政系统等指挥图书馆工作的方法。

1. 图书馆管理实施行政方法的基本条件及其适用范围

图书馆管理实施行政方法的基本条件是建立一整套严密的组织机构与管理体制。行政方法的适用范围很广，凡是属于该行政系统管辖的地方，行政方法几乎都能运用。如果图书馆组织机构与管理体制健全，其行政方法效果更好。它的基本条件的需求是最低的。在图书馆系统内部，只要在行政上具有上下级领导关系的部门或个人，都可采用行政方法来进行管理。

2. 图书馆管理行政方法的作用及其局限性

图书馆管理行政方法在现代图书馆管理中虽为原始的古老的方法，但它仍为基本的、最有效的方法之一。它适用面广、适应性强，需求的条件最低。就我国图书馆的管理现状来看，行政方法仍居于主导地位，其他管理方法只起辅助、补充作用。既然如此，行政方法必然有它的优点，否则就不可能在诸方法中发挥主导作用。

（1）行政方法对于任何管理都是必要的，因为它是执行管理职能的一种基本手段。如果图书馆管理没有这种手段，也就不能正常工作。

---

① 马家伟，杨晓莉，姜洋. 图书馆与图书管学概论［M］. 长春：吉林科学技术出版社，2016：193.

（2）行政方法是保证图书馆系统正常运转的重要条件。现代的官僚主义和瞎指挥，不按客观规律办事等现象。但从整体、全过程看，行政方法是一种有效的管理方法，它是建立在客观规律基础上，符合和反映客观规律要求的一种科学方法。这种科学的管理方法在图书馆管理中有着十分重要的作用。它是动员广大图书馆工作人员完成图书馆任务的重要手段，是贯彻国家方针、政策，指导、控制、协调各部门、各图书馆之间活动，使图书馆系统向着指定的目标前进的重要保证。

当然，我们也应该看到，行政方法既有它的优点，也有它的局限性。其局限性主要表现在：（1）行政方法属于"人治"而不是"法治"，其执行效果在很大程度上取决于行政主管人员的领导水平和管理艺术；（2）单一的行政方法不便于分权；（3）单一的行政方法不利于发挥下属机构与人员的积极性。由于行政方法是按行政隶属关系下达并加以强制性的服从为必要条件的，这就限制了被管理者的积极性、主动性，并可能产生依赖思想和平均主义，用权部门也容易产生脱离实际的主观主义、命令主义倾向。

由于行政方法本身的一些特点，因此在管理过程既要充分发挥行政方法的优势，又要注意它的局限性。在使用图书馆管理行政方法时，应多种方法综合运用，我们反对单纯只使用某一种方法。使用行政方法必须尊重客观规律，因时因地制宜，必要时对行政方法的使用可限定在一定的范围内。[①]

（二）经济方法

1. 经济方法的含义

图书馆的经济方法是在调节和影响图书馆活动的范围内，在理解和遵守经济规律的前提下，并以经济利益为基础，使用经济手段和经济杠杆等方法，如工资、补贴、奖金、罚款、价格、经济合同等，其核心是落实物质利益原则。对于图书馆来说，管理者在管理过程中应该明白员工、部门和图书馆的利益是一致的。此外，在管理的过程中图书馆可以利用一切利益机制来

---

① 黄宗忠. 图书馆管理学 ［M］. 武汉：武汉大学出版社，1992：279.

激励人员以及各部门的行为，使其行为与图书馆的总体目标保持一致。

2. 经济方法的特点

（1）经济方法是一种指导管理者追求经济利益，并通过利益机制间接指导管理者行为的管理方法。经济的方法是依照个人和部门的平时表现和工作中热情度来综合考量，并给予可衡量的、相应的物质激励来肯定管理者的工作。

（2）随着经济的发展，经济方法在人们生活中应用的范围越来越广。

经济学的方法在社会中的应用非常广泛，各种经济手段之间的联系复杂且广泛，而且每一种经济手段的变化都会影响许多经济关系的连锁反应。更有甚者，它不仅会影响当前图书馆的经济管理，还会给图书馆的经济发展带来长久的影响。

（3）第一，不同的管理对象适用于不同的经济方法，在管理中不能使所有的管理对象都使用一种经济方法，这样将会给工作的开展带来非常大的阻碍。因此，图书馆中涉及经济的部门和不涉及经济的部门不能使用同一种经济方法，图书馆管理人员需要找出适合各个部门的经济方法。第二，同一管理对象在不同的时间、地点应该采取不同的经济方法，以满足当前形势的需要，不断为图书馆的生存和发展开辟空间。

3. 经济方法的基本任务

图书馆经济方法的基本任务是：第一，根据市场经济的客观要求以及图书馆长短期的工作目标对大量的经济信息进行分析和预测，以预测的结果来指导图书馆的经济发展；第二，帮助图书馆获得最大的经济利益；第三，在整个图书馆的工作中实行按劳分配；第四，对图书馆的各项资金进行合理的使用。

第二章　现代图书馆的行政管理

行政管理是现代图书馆管理中的重要组成部分，本章首先分析了图书馆外借管理的相关知识，进一步探讨了图书馆人力资源管理的新理念与新举措，最后详细地论述了图书馆财务管理的难点与应对举措。

第一节　图书馆外借管理

一、图书馆外借服务

图书馆的外借服务是我国图书馆发展过程中最为传统的一种形式①，读者通过办理图书馆的相关证件，可以借阅图书馆的书籍，在规定的时间内进行归还。这种图书的外借形式可以最大限度地实现馆藏书籍的有效利用。在近年来社会经济快速发展的时代，人们的物质文化水平逐渐提升，读者的需求也随着时代的发展不断变化，图书馆的外借服务也要不断满足读者的需求，要为读者提供人性化和特色化的服务，要注重读者的内心需求。

---

① 郭俊. 图书馆外借服务的人性化与特色化探讨分析［J］. 中文信息，2018（4）.

二、图书馆外借服务的人性化与特色化管理

(一) 将读者放在工作环节的首要位置

在图书馆的建设和发展过程中，为读者服务是图书馆永恒的任务和主题，如果没有读者，那么图书馆的存在就将失去意义，因此图书馆工作人员在实际开展工作的过程中更应该树立起正确的工作观念，树立起"以读者为首要任务"的工作理念和思想，保证对读者在工作中多一份关心和尊重，并将对读者的服务和帮助体现在实际工作和行动中。所以，图书馆外借部的工作人员应该不断加强自身的仪容仪表，尤其是在实际工作中更应该良好实行微笑服务，注重日常工作的态度和方式，从而更好地实现人性化服务，将这种工作方式融入实际服务和工作中。

(二) 采用以人为本的读者服务工作模式

图书馆的外借部门需要全方位对读者的情况进行掌握和了解，及时掌握读者的实际需求和感受，这样才能从传统工作中的被动性服务变为主动性服务，将传统工作模式下的"为人找书"逐渐转变为"为书找人"，做到尽可能地将丰富的馆藏得以更为充分的利用。在这项工作过程中，良好发挥工作人员自身的服务精神，从而为广大读者提供更为舒适的阅读环境。近年来，随着我国科学技术水平的提升，图书馆不仅实现了自助借还系统的完善，同时大部分图书馆在发展的过程中也实现了和其他图书馆以及分馆之间的工作联系，即实现了通借通还。这种工作模式的发展和完善在很大程度上推动了我国整体图书馆工作水平的提升，为进一步实行以人为本的工作模式起着积极的推动作用。此外，图书馆还需要充分借助先进的现代化技术和设备，提高读者阅读的兴趣。在这个过程中，图书馆可以编制相应的书目介绍，或是相应的进行知识讲座等加强对图书馆的宣传，通过这种方式更好地将馆藏的信息资源进行介绍和宣传，强化读者对馆藏资源的掌握和认识，利用这种方式加强对馆藏资源的利用。同时相关工作人员还需要进一步拓展自身的服务

职能，尽可能实现对服务方式的多元化。

在进行实际工作的过程中，馆中工作人员还需要和读者之间建立相互信任和帮助的关系，因此馆员需要提高自身工作热情，全心全意为读者和人民服务，这样才能为广大读者提供更好的阅读环境和外借氛围。

（三）不断地提升图书馆员的综合素质

图书馆的借阅部工作人员如果自身没有较强的服务理念，那么在实际进行工作的过程中就容易产生厌倦的工作情绪，一旦工作中出现消极的工作态度，那么工作人员在实际进行工作的过程中，其服务态度必然也会受到严重影响，无论是对人还是对事都将产生负面情绪，这就很容易对读者造成影响，使得想要借阅的读者产生了犹豫的情绪，甚至严重的还将出现矛盾或是冲突。因此，在这种前提下，就需要借阅部的工作人员注重对自身素质的提升，保证业务的熟练程度，在业务和质量的带动下，将服务水平进行有效调动。这也要求借阅部的工作人员需要熟练地掌握图书的分类方式，充分掌握各科室的工作流程，只有具备多元化的工作能力，才能更好地满足和适应读者对阅读的需求。当前我国正处于科学技术飞速发展的重要阶段，因此外借工作人员更需要认识到知识和技术水平的重要性，在这种背景要求下，不断提升自身的工作质量和水平，学习全新的知识和业务，为图书馆的日常工作增添更多活力。此外，在每个月还可以举办相应的业务测试，加强借阅部工作人员对这项工作的重视程度，从而在学习和测验的过程中充分认识自身不足，为之后的图书馆工作提供更大帮助，更好地落实这项工作的人性化和特色化。

（四）对图书馆中的藏书结构进行优化

在这个过程中，工作人员应该加强对该项工作的认识和明确，充分掌握和认识读者的需求，从而尽可能地满足读者的需求。在我国的长期发展过程中，受到计划经济体制的影响，人们在长期的发展过程中始终保持着较为单一的认识，这就在很大程度上影响和制约了图书馆的进步和发展。所以，只有将工作的具体环节放在对读者需求的满足上，才能更好地将工作规划进行合理统筹，详细的对其进行安排，将资金更好地进行运用，让图书馆得到持续发展。可以说，读者的实际需求也是对图书馆藏书进行调整的主要依据，所以更要求工作人员在工作中运用科学的态度和敏锐的头脑，全面分析和掌握读者阅读的实际需求，将读者的长远需求作为图书馆发展的实际目标和方向，通过这种方式加强对藏书的管理，以便良好满足读者的实际的阅读需要。

（五）适度地改革图书馆的外借制度

对图书馆外借制度进行改革主要是将之前存在的不合理情况进行摒弃，让其向着更人性化的方向发展。

第一，对借阅对象上应该适当对外借条件进行放宽，从而让更多读者可以阅读图书。例如国家图书馆在过去的发展过程中，受到借还能力问题的影响，明确的规定外埠地区的读者对图书只有阅读权但是没有外借图书的权力，但是现代的图书馆基本做到了向全国读者进行开放的模式。因此不管是在当地的读者还是在外地的读者，只要符合借阅条件，都可以向国家图书馆申请，办理中外文图书的借阅功能。

第二，还需要适当增加外借图书的数量，适当延长外借的时间。在图书馆的发展过程中，很多书籍都是图书馆的瑰宝级图书，因此很多图书馆为了保护自身馆藏资源的完整性，严格的控制外借图书的数量，这就使得很多优秀的图书难以被人们所认识和了解，因此在今后的图书馆发展过程中，需要适当对外借图书的数量进行增加，并合理的延长外借时间，通过这种方式更好地推进图书馆和读者关系的和谐发展。

第二节　图书馆人力资源管理的新理念与新举措

一、图书馆人力资源管理创新的基础

（一）图书馆人力资源

1. 图书馆人力资源内涵

图书馆的人力资源指的是图书馆所具有的知识、经验、团队意识、人格魅力等，可以给图书馆带来长远效益，并且可以提高图书馆价值的团体统称；也可认为是一种连续获得、积累、使用和创新的组织能力。在图书馆的科研工作中，最活跃的是人力资源，人力资源的特点是积极性和主动性。通过对人力资源的投资，可以形成特定的技术结构和人力资源存量。根据组织目标及要求，对这些具有不同形态和专业化功能的人力资源进行激励使用、整合配置和协调控制，可以最大程度发挥人力资源的价值，使图书馆服务效率提高。

2. 图书馆人力资源的作用

人力资源是图书馆生存和发展的基本要素与动力，对图书馆事业的发展有着决定性的重要作用。① 图书馆的人力资源管理是指为成功实现预定目标，对图书馆的人力资源进行获取、开发、维护、利用等系统化管理的活动过程。具体地说，就是要在图书馆的管理活动中，形成、培养、分配、保护组织成员，组织要站在成员的角度思考问题，成员要为实现组织目标而努力，最大程度发挥组织成员的工作潜力，调动他们的主观能动性、积极性和创新

---

① 李静，乔菊英，江秋菊. 现代图书馆管理体系与服务研究 [M]. 长春：吉林人民出版社，2019：22.

性，从而达到组织目标。图书馆的人力资源管理，就是要对人力资源进行适当的配置和培养，使图书馆在组织结构和员工之间形成良性互动，从而达到图书馆管理工作可持续发展的优势。这是由于在开展图书馆服务的过程中，各类图书资源的使用、运作与配置以及管理图书馆的形象都是通过馆员来完成。因此，合理利用好人才是图书馆实现可持续发展的重要保障。

（1）人力资源是财富形成的关键

人力资源作为一种"活"的资源①，它与自然资源共同组成了财富的来源，并对财富的产生和发展起着决定性作用。社会财富是指那些为人们提供了物质和精神生活所需要的商品。自然资源是一种特殊的经济形态，是人类赖以生存的物质形态，它需要通过转化才能被人所利用。应当说，没有人的参与，就不可能创造出新的社会财富。同时，人才的利用程度又会影响到财富的形成程度，人才的利用程度越高，就会产生更多的财富；相反，产生的财富将会减少。因此，人力资源在社会经济发展中起着至关重要的作用。

（2）人力资源是社会经济发展的主要力量

人力资源不仅是财富构成的决定性因素，同时也是促进社会和经济发展的重要动力。在科学技术持续发展和知识技能持续提升过程中，人力资源对价值创造的影响越来越大，社会经济也在一定程度上影响着人力资源的发展。以美国经济学家 P. R. 罗默（Romer）和 R. E. 卢卡斯（Lucas）为代表的新经济理论学者认为，现代以及将来经济持续、快速、健康增长的主要动力和源泉不再是物质资源，而是知识、技能等人力资源。② 正因为人力资源对经济发展的巨大推动作用，目前世界各国都非常重视本国的人力资源开发和建设，力图通过不断提高人力资源的质量来实现经济和社会的快速发展。

（3）人力资源是图书馆组织的首要资源

图书馆组织要想正常地运转必须投入各种资源，而在图书馆组织投入的各种资源中，人力资源是第一位的③，是首要的资源，是保证图书馆组织最

---

① 葛元月，邬俊美，周万中，等. 现代人力资源管理［M］. 北京：北京理工大学出版社，2012：5.
② 刘荻，陈长英，刘勤. 现代图书馆资源管理与推广［M］. 北京：光明日报出版社，2017：159.
③ 黄东梅. 人力资源管理基础［M］. 合肥：安徽教育出版社，2015：12.

终目标得以实现的最重要也是最有价值的资源。人力资源是提高图书馆效益的首要因素。图书馆工作人员的道德品质、行为能力和行为准则是图书馆工作效率提高的基础，也是影响图书馆工作效率提高的条件。在众多因素中，人力资源是最主要、最有活力的因素，是图书馆工作的"灵魂"，关系到图书馆工作的成败和效率，是图书馆发展最不能缺少的因素。

3. 图书馆人力资源的构成

图书馆人力资源主要由管理者、信息技术人员、采编人员、参考咨询人员、报刊管理人员和流通管理人员等构成。

（1）管理者

管理者是一种经营管理型人力资源，它是图书馆内部具有经营管理能力的人才的统称，包括馆长、部门主任、办公室主任等人才。管理者是图书馆的领导与决策主体，是图书馆发展不能或缺的人才，但只有高素质的管理者才能真正促进图书馆发展。在知识经济时代，管理者不仅仅是文献的保留者，更应该是文献信息的经营开发者，还应该是文献资源、设备资源和人力资源的协调者。优秀的管理人员是图书馆数字化和网络化建设的先行者，其可以为图书馆发展带来无限活力，提高图书馆的服务水平。

（2）信息技术人员

信息技术人员负责图书馆计算机和信息技术的总体规划，并以馆员所提的业务需求为基础，对应用系统进行开发，这就要求必须招聘具有计算机知识的专业人才，因为他们需要对系统运行进行日常维护和版本升级。信息技术人员可以利用馆内及馆外文献资源，调研读者的阅读需求构建资料库，协助读者查询所需资料；可以利用网络与其他图书馆进行连接，从而达到资源共享，努力使图书馆的文献资源得到最大程度的利用，将图书馆的馆藏发挥到极致。图书馆系统功能完备、运行高效和稳定，是其向用户提供高效率和高质量服务的重要保证。图书馆运营体系的好坏是综合竞争能力的重要指标。所以，图书馆需要广泛招纳具有计算机知识的专业人才，通过他们推动本馆的数字化进程。

（3）采编人员

采编人员是图书馆藏书建设和文献资源建设的主要责任者，他们的任务是合理利用经费完善馆藏，制定合理的订购标准，用较少的购书经费满足较多读者的阅读需求，保证馆藏质量[①]；及时掌握图书馆藏书的利用状况，把握好藏书与读者需要之间的关系；拓宽购书渠道，保证所购书籍的质量。图书馆的网络化、自动化程度越来越高，对目录资料的规范化程度提出了更高的要求；为了保证图书馆的自动化和网络化建设的顺利进行，编目人员必须对网上的资源进行充分利用。

（4）参考咨询人员

参考咨询人员是既具有某一学科背景，又具有图书馆学情报学专业知识和技能的参考咨询馆员，是某个学科的信息专家，是学科知识导航系统的领航员。图书馆馆员应具备一定的服务水平，可以从容地与读者沟通，能为他们提供需要的服务，帮助他们寻找书籍，提供咨询、查新、训练等方面的服务。充分运用现代化的互联网技术，将馆藏的各种载体形式资源与互联网资源进行有机结合起来，积极地为特定主题的读者提供具有针对性的信息服务，将图书馆的信息服务由被动变为积极，将原本的辅助性解答转变成研究型的信息服务，让咨询人员能够更好地参与到研究工作之中，从而达到与学科建设和读者之间的良好互动。以个性化的服务来吸引读者，保障他们的权益，是图书馆开展信息服务、参与市场竞争的主要方式。

（5）报刊管理人员

报刊管理人员是负责图书馆中外文报刊的管理、编目和读者咨询等工作的。作为报刊工作实践活动的主体，为了适应信息时代的需要和报刊管理网络化发展的客观形势，要不断地提高自身的各种素质和能力。例如，在期刊文献资源的开发上要注重其深加工，形成文献信息产品；在报刊文献资源的服务上，要努力提高文献信息服务水平，突破信息服务的时空、地域的束缚，提供多功能全方位的文献信息服务；在对报刊文献资源的管理上，要实

---

① 刘文文，邱晓辰. 新技术环境下大学图书馆创新与发展研究［M］. 北京：中国商业出版社，2019：99—100.

现报刊文献资源的信息处理标准化、信息检索自动化、信息传递网络化、信息服务多元化和服务手段现代化，实现真正意义上的报刊文献资源共享。

（6）流通管理人员

流通管理人员在图书馆一线部门工作，直接面向读者。[1] 他们在长时间的工作中积累了丰富的工作经验，能够运用专业的知识，来指导流通书库的借阅、归还等工作，他们是保证图书馆的基本工作能够顺利进行的操作性人才。高素质的图书馆员是实现图书馆优质服务的根本保证。在进行图书馆的全面质量管理过程中，应该采取多种方式来提升馆员的能力，让他们在工作中实现自身价值，并且将个人发展目标与图书馆的发展目标相结合，从而为读者提供最佳服务的最终目标。另外，图书馆还有其他行政人员和财务管理人员等，他们在图书馆的业务中充当不同的角色。

（二）图书馆人力资源管理

1. 图书馆人力资源管理的定义

从人力资源管理的视角来解读图书馆的人力资源管理概念可以将其分为两类，一类是宏观层次，另一类是微观层次。在宏观层次上，图书馆的人力资源管理指的是决策者与管理者在图书馆管理活动中展开的人力资源战略规划，制定能促进人力资源发展的方针，对图书馆的人力资源的存量与需求进行分析与预测，对人力资源的使用进行控制与评价的管理过程。一般情况下，宏观层面都是由国家主管部门和机构来制定并执行的。在这些过程中，一些图书馆的人力资源管理的内容必须与社会的人力资源管理相结合，利用社会发展的管理政策，调动社会的管理力量，对图书馆的人力资源进行系统化的管理。例如，培养和提高馆员的素质。

在微观层次上，图书馆的人力资源管理主要包括：对图书馆的人事管理制度以及与之相关的方针、政策进行详细制订，对人员编制进行确定，制定工作人员的业务职称标准和考核标准，明确该岗位的要求并且确定好薪酬，

---

① 李朝云. 图书馆人力资源管理探微 [M]. 合肥：安徽大学出版社，2011：7.

对工作人员进行配置与培训，将图书馆的人力资源协调到图书馆服务与管理中。如果从宏观角度来看，图书馆的人力资源管理的重心是创造出一种能够充分发挥其作用的社会环境，那么从微观角度来看，图书馆的人力资源管理的重心是如何对人员进行招聘、录用、培训、考核与奖罚等具体的指标的制订和应用。微观层面的图书馆人力资源管理一般是由本馆的人事部门进行相关工作。

图书馆的人力资源管理既包括宏观的人力资源管理，又包括微观的人力资源管理，它们在很大程度上对社会与图书馆、图书馆与部门、部门与个人之间的交互关系起着决定性的作用，影响着图书馆事业的发展方向。图书馆的人力资源管理就是要对人员进行适当的配置和培养，使其在与组织结构的发展中形成良性互动，从而最大限度地发挥员工自身优势。这是由于在图书馆业务实施的过程中，各种活动和服务都需要馆员的参与。如何合理地利用好人才是图书馆实现可持续发展的重要保障。

2. 图书馆人力资源管理的必要性

人力资源管理是图书馆持续发展的基础。人力资源是图书馆服务工作的主体，是图书馆事业的灵魂，是图书馆生存与发展的生命线。[①]

（1）网络时代工作的需要

随着网络时代的到来，图书馆的管理工作发生了巨大的转变，大量高素质、高层次的创新型知识人才不断涌入图书馆，他们成为图书馆发展最重要的资源。因此，加强对图书馆人力资源的管理，要构建科学有效的人力资源激励机制，应把激励的手段和目的结合起来，改变思维模式，真正建立具有图书馆特色、时代特点和馆员需求的开放的激励体系，使图书馆在激烈的市场竞争中立于不败之地。

（2）提高图书馆员综合素质的需要

图书馆员的素质对图书馆事业的长期发展有着重要的影响，因此提高图书馆员的整体素质是图书馆事业发展的重中之重。图书馆必须树立起以人力

---

① 刘月学，吴凡，高音. 图书馆服务与服务体系研究［M］. 咸阳：西北农林科技大学出版社，2018：210.

资源发展为核心的指导方针，科学合理地规划、开发和管理人力资源，并将馆员潜力发挥出来，从而提升图书馆的工作效率，达到图书馆可持续发展的目的。

（3）图书馆人力资源配置结构的需要

目前，图书馆的人力资源状况是缺少能够开展高层次、高质量信息服务的复合型人才，人员配置处于结构性短缺状况。而未来图书馆人力资源管理，将逐渐确立以信息研究和信息技术人员为主、传统技术人员和管理人员为辅的人力资源配置结构新模式。

3. 图书馆人力资源管理的内容

图书馆人力资源管理包括三个方面的内容：人力资源的分析与评价、人力资源的开发和利用、人力资源的控制和激励。通过对图书馆人力资源的信息管理、招聘、调配、控制、培训等手段，实现求才、用才、育才、激才和留才等管理模式，使图书馆员与图书馆的工作保持最佳比例，达到最佳的状态。

（1）人力资源规划

根据图书馆的发展战略和工作计划，系统地全面分析和确定人力资源需求的过程，如评估人力资源现状及其发展趋势，收集和分析人力资源供求的信息和资料，预测人力资源供求的发展趋势，结合实际制订图书馆的人力资源培训与发展计划等。

（2）工作分析

工作分析是图书馆人力资源管理最基础的工作，对各个工作岗位进行考察与分析，以便确定其职责、任务、工作条件、任职资格和享有权利，以及相应的教育培训情况等，以便最后形成工作职务说明书。

（3）馆员招聘

根据人力资源规划和工作分析的要求，馆员招聘主要由计划、招募、测评、选拔、录用、评估等一系列活动组成。图书馆可以在内部聘任，也可以向社会招聘，按照平等就业、择优录用的原则招聘所需要的人才。

（4）馆员培训与发展

馆员培训与发展主要包括馆员职业生涯规划、馆员发展、业绩评估等。

对馆员进行培训和开发，可以促使馆员更好地提高工作效能，增强对图书馆的归属感；对图书馆而言，可以减少事故，降低成本，提高工作效率和经济效益。

（5）馆员激励

馆员激励就是通过运用各种因素激发馆员的动机，引导和强化馆员的行为，调动馆员工作的积极性，使之产生实现图书馆目标的行为过程。

（6）绩效管理

绩效管理是图书馆管理者参照工作目标或绩效标准，采用一定的考评方法，对馆员的工作表现和工作成果等做出评价。对绩效突出的馆员应进行物质和精神方面的奖励，对表现差的馆员应给予批评甚至惩罚，目的是调动馆员的积极性，使图书馆人力资源管理工作健康高效地运行。

（7）薪酬管理

薪酬管理是图书馆人力资源管理的重要组成部分，图书馆要从馆员的资历、职级、岗位及实际表现和工作成绩等方面综合考虑，制定相应的、具有吸引力的工资报酬标准和制度；同时，也是图书馆吸引和留住人才，激励馆员努力工作，发挥人力资源效能的最有力的杠杆之一。

（8）职业生涯管理

职业生涯管理是个人和图书馆对职业历程的规划、对职业发展的促进等一系列活动的总和，它包含职业生涯决策、设计、发展和开发等内容，有助于提高个人人力资本的投资收益，有助于降低改变职业通道的成本，有助于图书馆事业的发展。

（9）人力资源保护

人力资源管理涉及劳动关系的各个方面，如劳动用工、劳动时间、劳动报酬、劳动保护、劳动争议等方面内容。图书馆应根据国家劳动保护的有关协议条款的规定，依法行事，处理相关的劳动关系，以确保馆员在图书馆工作过程中的安全与健康。

4. 图书馆人力资源管理的原则

在图书馆的经营与发展过程中，人才的培养离不开政府的支持和社会的帮助，此外，最重要的是图书馆本身的努力。从本质上来说，对图书馆的人力资源进行优化和合理利用专业人才，这与图书馆的生存和发展有着密切联系，也是评价人力资源管理成效的重要指标。在图书馆的人力管理工作中，必须贯彻以人为本的方针，并始终坚持以下的基本要求：

（1）以思想和行为为中心

它反映了图书馆的人力资源管理的基本思想。图书馆员是图书馆的第一资源，是图书馆的生命和灵魂。因为图书馆工作人员是一个拥有精神和情感的血肉之躯的特殊群体，他们拥有自己的理想，希望能够实现自己的人生价值，所以在进行图书馆人力资源管理的时候，要格外注意图书馆员的变化，关注他们的思想和行为变化，注意保护他们的权益，重视人性化管理，调动他们的工作积极性，为他们营造良好的工作氛围，从而让他们朝着图书馆的发展目标前进。

（2）以需要和能力为标准

这就是"以人为本"的理念在图书馆中的应用。图书馆员的配置与利用是建设图书馆员队伍的重要组成部分。在图书馆中如何建立一个良好的组织结构和员工的相互联系，使图书馆的各项资源和人才得到最大程度的整合是图书馆发展的一个重要课题。因此，在图书馆人力资源管理活动中应充分注意按照因事择人、因才器用的管理规律①，不仅要按照工作岗位的具体需要对各种类型的专业人才进行选择和利用，还应该按照他们的个人能力和素质对其进行合理的分配。唯有如此，才能充分发挥馆员的潜能，调动其工作积极性，取得预期的工作效果。因此，将工作需要和工作能力作为招聘图书馆专业人员的基本原则，可以很好地避免人力资源浪费，可以提高工作效率，完善人事制度。

（3）以平衡和团队为动力

任何东西都在不断地变化和发展，这意味图书馆的人力资源管理也要与时俱进。随着时代的发展与变革，图书馆工作人员与社会的适应性出现了客观的差距。所以，在对图书馆与社会发展之间的关系进行调节，对图书馆组

---

① 杨杰清. 现代图书馆管理实务［M］. 北京：现代出版社，2019：84.

织机构进行重组的时候，还应该对人力资源进行调整，从而使其与社会和图书馆发展保持动态的平衡，与此同时，还应该关注到图书馆人力资源的专业、年龄和知识的平衡，保证图书馆员素质的提高。要实现这一目标，必须加强对馆员的持续和专业培训，重视人才的引入与流动。通过对在职人员进行继续教育，提高工作人员的工作水平，从而实现对图书馆人力资源结构的优化。此外，还可以通过引入人员来对图书馆工作人员的能力结构进行改进和调整，从而组建科学、合理的团队，更好地促进图书馆事业的发展。

总之，图书馆人力资源管理应该建立在尊重知识、尊重人才的基础之上，充分发挥图书馆工作人员的聪明才智，调动其积极性。只有"以人为本"，强调人的主观能动性，合理组织图书馆人力资源队伍，才能使图书馆事业兴旺发达。[①]

5.图书馆人力资源管理的目标

图书馆人力资源管理目标就是组织人力资源配置的最佳效益，提升图书馆人力资源的贡献率，提高馆员的整体素质和水平，实现读者素质的整体提高和推进图书馆组织建设的改革创新。图书馆的人力资源管理目标分为三个层次，即直接目标、具体目标和最终目标。

（1）直接目标

通过人力资源管理活动，如通过激励机制、奖勤罚懒与按业绩、劳动量、创造性进行合理分配等来吸引图书馆员、留住馆员、激励馆员和再培训馆员。

（2）具体目标

通过调整机构设置，实行定岗、定员、定额管理模式，打破年龄、资历、学历、职称等限制，让所有员工能进能出，职务能上能下，待遇能升能降，促使优秀馆员脱颖而出，充分调动图书馆各类人员的积极性、创造性，从而提高整个图书馆工作的效率。

---

① 师美然，张颖，张雯.图书馆创新与现代管理研究 [M].长春：吉林人民出版社，2019：103.

（3）最终目标

通过图书馆有效的人力资源管理来保证组织的良性循环，促进组织的发展，增强组织的凝聚力和适应外部环境不断变化的灵活性。

二、图书馆管理与人力资源管理的关系

人力资源也被称为劳动力资源，它是指一些能够推动经济发展和社会进步的人才。智力资源和体力资源是人力资源的两大支柱，是人类社会发展的基础。人力资源管理的目标主要是人，要想实现对人才的科学管理，比如人与岗位的匹配、人与人之间的协调合作、岗位需求与薪资之间匹配、工作需要与人员能力的协调等四个方面，都属于人力资源管理组织的管理范围。加强员工的国际化意识，提升员工的主观能动性，既是人力资源管理组织的价值所在，也是图书馆推行管理的重要目的。作为一种服务性质的机构，图书馆与国家政府以及企业部门之间存在着密切联系，它必须在政府的指导下步入社会。因此，在这种情况下，政府应该对图书馆的管理工作给予最大程度的鼓励和支持，以保证地方图书馆的管理工作能够顺利开展。从企业的观点出发，人力资源已成为企业发展的第一资源，企业人力资源的管理与图书馆的管理有着诸多的相似性，所以，图书馆管理者可以学习企业的人力资源管理，从而帮助自身管理工作的开展，提高工作效率。

三、图书馆人力资源管理的新理念

（一）以人为本的理念

人是推动图书馆事业发展的基本力量，离开了人，再好的书籍和仪器也无法发挥作用。在图书馆工作中，要牢固树立"以人为本"的管理思想，深刻认识到人在图书馆事业和社会发展中不可替代的地位。在管理工作的执行中，长期存在着人可以适应岗位，但不能让岗位来适应人的误区，这对管理工作的顺利开展造成了极大的阻碍。每个职位都要有清晰的目标，也要有一

个完善的系统来评价职位价值，只有这样，职位的实际价值才能体现出来，而不是盲目的设计一个职位，而在这个职位上工作的人，要积极地担当起各种职责，做好自己的本职工作，实现自身价值。以人为本的管理思想的基本目标就是激励人们在工作中发挥自己的作用。人既是进行管理的首要目标，也是图书馆最重要的资源，因此，在图书馆中要注意制定馆员可以接受的行为规则，并把相关的激励手段灵活地应用到具体工作中，从而激发员工的工作热情与主动性，保证整体的管理工作能够顺利进行。

（二）内部营销理论

从实质上讲，图书馆是向读者提供知识信息的一个重要组织，它的工作人员同时具有知识组织者和知识传播者的双重身份，简而言之，就是具有大量知识的人员。图书馆工作人员的知识面很广，其工作的核心是如何提供给读者创新性的知识，并且他们还具备较高的知识技能，它在某种意义上对图书馆的发展起着推动作用，将内部营销作为一项重要的理论，在这种理论下，将图书馆工作人员看作是内部的客户，将图书馆工作看作是一种市场产品，从而使图书馆工作人员可以更加积极地参加到各项工作中去，并为读者提供更好的服务。

（三）不断更新观念

先进的人力管理制度和企业的管理活动，都离不开先进的理念来指导。因此，必须打破以往的思维定式，确立新的指导思想。知识经济是以知识和智慧作为生产的第一生产要素，而人是智慧和知识的载体，没有人，就无从谈起知识。今后图书馆的竞争方向是如何为读者提供更好的服务，对图书馆而言，要实现可持续发展，必须改变传统的服务观念，以人力资源为第一经济。人才的素质直接影响到文献资源的保护与利用，图书馆要想将文献利用起来，就必须依靠人才。人的活力和积极性如果不能被激发，就无法充分发挥其对文献资源的保护作用。因此，图书馆为读者和社会服务的关键是人力资源，图书馆必须在思想上达成一致，改变以前的重文献资源和现代化建设而轻视人才培养的理念，树立以人为本的理念，重视培养人才，从而实现图书馆的可持续发展。

（四）开展有效领导

如何对人进行有效的领导，是一个非常重要的问题，也是知识经济时代的特征。所以，管理人员应该是馆藏知识的中心，也就是指挥的集合体。在HRM 中，"智囊团""集体决策"和"主管责任制"是 HRM 有效领导的基本思想。一个专家智库应该是一个知识型、互补型、专业型融会贯通型的领导团体，只有在这种情况下，它才能产生一种知识的力量，从而实现智力的提升，让图书馆的人力资源管理从经验管理转变为智慧管理，从而培育出一支具有创造力的员工队伍。

所谓"集体决策"，就是指企业领导层为了确保决策的正确而对企业进行的管理方式和措施的决策。与此同时，由于馆长是人力资源的中心，他是图书馆的合法代表，还担负着对全馆人、财、物的安排。因此，他在图书馆的经营中具有独特的位置，是实现最优的人力资源管理的重要环节。

（五）合理配置人力资源

在知识经济的背景下，对人力资源进行合理的分配，是图书馆维持生命力的一个重要因素。这对实现劳动力队伍的更新、组织内部人力资源结构的优化、员工工作积极性的提高、实现人与工作的最佳匹配都有很大的帮助。要对人力资源进行合理的分配，在分配时要遵守整体性、层次性、结构性、关联性等原则，并利用能级原则对人员进行组织。

在人事配置方面，应遵循补充价值的基本原理，即知识补充、能力补充、年龄补充和性别补充。而在企业内部，则可发挥互补式的价值增值效应。其次，要坚持"动态匹配"的原则，也就是要在不断变化的环境下，适时地进行调整，只要有新的人才，就会立刻启用，没有能力的人就会被替换掉。

（六）重视教育和培训

21 世纪是图书馆数字化、网络化和虚拟化的时代，图书馆在服务方式、服务手段和服务内容上都与以往有了很大的不同。在新的形势下，图书馆对人才的需要已经从数量的要求转变成质量的期待，特别是对那些优秀的即会使用现代化信息技术、又能流利说英语和复合型人才的需求更高。根据目前我国科技人才培养的实际情况，加强科技人才培养，是必须要做的工作。

在信息网络化的今天，优秀的图书馆运作离不开优秀的图书馆员。图书馆工作人员的继续培训，不仅对个人的发展有利，同时也会影响图书馆的长远发展前景。可以从以下几个方面进行教育：一是加强自我学习；二是给馆员提供更多的学习机会，三是通过多种方式进行深造。除此之外，在信息教育上，图书馆拥有得天独厚的条件和优势。馆藏的丰富性，技术设备的不断完善，为馆员的教育与培训提供了良好的保障。

（七）合理运用激励机制

如何有效地激发员工的工作热情，是企业人力资源开发和管理中一个永恒的话题。在对员工进行管理的过程中，图书馆应当向现代企业管理的理念学习，积极推行激励制度，提高员工的工作热情，为员工的潜能、创造性发挥提供一个环境。我们可以采取"两手抓"的方法，这样才能做到相互补充、相互促进、有机统一。

为了更好地管理好图书馆员，作为一名管理者，必须对人们的物质需要和精神需要进行深入研究，特别是在当前的市场经济环境下，有的图书馆的福利待遇不高，对图书馆员工的工作热情和队伍的稳定产生了很大的影响。所以，图书馆要积极地与社会发展以及人类价值观念的变化相适应，给予图书馆员以某种形式的物质奖励，为其创造一个可以让其自身成长的环境，创造一个有利的条件，以满足其对社会的尊重以及自身的需求。要针对他们的思想和行为的变化，及时对他们进行教育和引导，从而使他们朝着正确的方向发展。只要让图书馆馆员拥有更高的品德，他们的工作热情才会更高。

四、图书馆人力资源管理的新举措

(一) 构建参与式管理模式，开展人力资源建设

以人本思想为指导，建立以人为本的参与性管理模型，推行民主的人事制度是非常有必要的。在图书馆漫长的发展过程中，对图书馆员的要求始终是要严格按照规定办事，这是一种长久以来的"只有图书馆员才能被管"的幻象，其实，图书馆的各种制度不应仅限于去对图书馆员进行约束。然而，在图书馆的各项规章制度中，大部分都是与馆员相关的，它们的内容主要是关于怎样让馆员的行为变得更加规范化，很少关注馆员的接受程度和理解程度，缺乏了人文关怀。长期来看，这样的弊端就是会挫伤员工的积极性，甚至会让他们产生厌倦的情绪。

为了解决这一问题，现代管理学家们提出了一种新的管理模式——参与式管理。参与式管理指的是在决策和管理过程中，让员工主动地参与进来，让他们从被管理的角色，变成管理者的角色。当位置不同，各种制度就会有不同的效果。在对图书馆进行管理的过程中，要想有效贯彻新政策，在颁发新政策之前，需要开展一系列的宣传、引导等相关的工作。然而，由于不同层级的馆员在生活背景、价值观、人生观、文化层次、社会地位等方面都有很大的差别，这就导致他们对政策的理解有一定的偏差。

所以，在推行参与式的管理方式时，图书馆人员一方面要不断地对其进行指导和引导，另一方面也要积极地与其进行合作，以保证政策能够得到有效的贯彻和落实。

(二) 强化内部市场的调研，提高工作者的满意度

以内销理念为基础，加强内销研究，提升员工满意度。在图书馆，工作人员在内部营销中扮演着两个角色：一是作为对象，二是作为执行者。所以，一定要深刻地理解图书馆工作人员的需求，包括基本物质需求、受尊重感、工作的安全感等。

一般而言，馆员有基本的物质需要，如工资、劳动保障、福利等；感受到被尊重的需要，如生活困难的帮助，个人的建议被采纳，以及获得职业培训的权利；稳定、和谐的工作环境等需要有工作保障。不同类型的图书馆以及不同层次的工作人员的需求侧重点都是不相同的，因此，图书馆要进行内部的市场调查和研究，对员工的满意度以及他们的基本信息进行充分的了解，为开发出能够满足员工需求的产品打下良好的基础。

在进行内部市场调查工作的时候，会发现工作人员在年龄、职称、性别等方面都有不同，然后就会有必要对工作人员的基本信息进行深入的了解，从而实现研究的根本目标。比如，通过电话询问、数据分析、问卷调查等方式，在获取到工作人员的基本信息之后，对其展开分析。一方面，可以更早地了解并发现工作人员潜意识中可能存在的不纯动机、错误价值观等，进而找到其成因，并对其进行合理的处理。另外，还可以对图书馆内部市场的详细信息有所了解，这对管理者制定出准确的、有效的管理方案，从而推动图书馆的发展。

（三）构建沟通协调机制，提高管理者的综合素质

以心理合约为基础，建立企业内部的交流与协作机制，提升企业内部管理人员的素质。因此，要想让馆员忠于自己的工作，就必须构建一个动态的交流机制。

首先要提高警惕，防止人们产生认识上的偏见。馆员应该将自己融入图书馆的日常工作中，找到自己的定位，摆好自己的心态，在信息传递的时候，要传递可靠、准确的信息。

其次，为心理疏导搭建一个良好的心理引导平台。在图书馆里，由于工作的单一性和重复性，馆员往往会出现消极情绪，因此，要及时关心和调节馆员的思想感情，比如，通过职业培训、领导谈话、馆长信箱等，来缓解馆员的消极情绪，同时增强他们对图书馆的忠诚度。

除此之外，如果由于图书馆的其他不可避免因素，或由于内部和外部环境的变化等，造成了馆员出现了违背心理合约的行为，那么，管理人员一定

要在第一时间做出补救，比如，把馆员送出去进修、到馆外培训等方式，来减轻和消除他们的负面情绪，或是对馆员进行说明，进行必要的交流。

在这样的环境下，这就给管理者的素质提出了更高的要求，他们不仅要有强大的管理能力、敏锐的洞察力、卓越的人格魅力，还要有其他的能力。一方面，管理者要具备职业的管理素质，具有较高的职业素质，对工作要有客观严谨的态度，对工作要有较高的要求；同时，管理员还需要具备较强的应变能力和应对问题的能力，当出现紧急情况时，能够与馆员进行有效的交流，消除他们的消极情绪，尽量减少对环境的影响，从而成功地解决危机。

总之，要想实现图书馆的可持续发展，就必须要有一批能够推动其迅速发展的优秀人才。从这一点可以看出，人才的培养是决定成败的关键。通过人力资源管理体系，不但能够制定出行之有效的人力资源管理方案，还能够发掘出更多有发展潜力的人才，从而为图书馆事业的发展做出自己的贡献。

第三节　图书馆财务管理的难点与应对举措

一、图书馆财务管理的难点

（一）财务管理部门的权威性欠缺

图书馆的财务管理是非常复杂的工作，需要依靠专门且权威性较高的财务部门来加以实施。只有通过专业的财务专管机构，才能保证财管管理工作的有效开展。但是从目前的情况来看，图书馆的财务部门在进行财务管理时，其权威性明显不足。虽然有些图书馆的领导者，已经意识到财务管理的重要性，也针对财管管理部门权威性的问题采取了一系列的措施，但是这些措施往往没能收到预期的成效。造成这一现象的原因主要是，图书馆财务管理部门的独立性没有得到保障。由于图书馆管理体制比较特殊，图书馆受机构内部管理层和地方政府相关部门的双重管理，对财务管理来说，受限性较大，很难有效开展。因此，财务管理工作往往会依附于其他管理工作，造成财务管理工作的公平性和公正性无法得到保障，影响了图书馆财务管理工作的正常、有效开展。

（二）图书馆经费短缺问题严重

图书馆经费短缺问题，已经是一个普遍存在的现象。经费的短缺不仅阻碍了图书馆的建设和发展，也影响了图书馆财务管理工作的正常开展。经费不足导致很多文献资源建设无法达到理想效果，财务及其他管理部门的信息化进程也受到一定的影响。目前我国经济持续增长，物价也在不断地上涨，而图书馆所需求的书籍、文献资源的价格都处于上涨的趋势。加上经费短缺问题，导致目前图书馆的文献资源老化严重，利用率越来越低。与此同时，现代社会对图书馆的建设要求却越来越高。图书馆的经费短缺与社会对图书馆建设的高要求，产生了严重的冲突，也给图书馆的财务管理工作带来了巨大挑战，成为图书馆财务管理的一大难题。

（三）财务管理工作方式滞后

图书馆的财务管理工作内容非常复杂，需要进行大量的数据信息收集、计算和处理。传统的财务工作方式已经无法满足现代图书馆财务管理的需要。因此，以计算机网络为依托，建立起现代化的财务信息技术数据管理平台非常必要。但是，受目前财务管理人员队伍整体素质和传统财务管理观念的影响，信息数据平台无论是硬件设施，还是软件设施，都处于落后水平。根本无法与一些先进的信息化处理技术接轨，很多财务管理工作内容，仍然需要财务人员手工完成。

（四）财务管理体系不健全

财务会计的基本职责是会计核算，俗称事后核算，这是目前图书馆财务工作的主要工作内容，然而，随着我国经济建设的不断发展，现代图书馆管理水平提升、财政预算管理机制等现状，要求财务人员不仅要完成经济业务的事后核算，还要参与到各项经济业务事前、事中的核算中，即参与经济业务的全过程。会计的工作职能也逐渐从财务会计走向管理会计，这种发展形势对图书馆财务管理工作提出了新的要求，对财务人员的业务能力也提出了新的要求。

第一，财务人员被要求参与到馆里的各项经济业务中，但财务人员没有管理权限，权利与义务的不对等往往会使经济业务的经办人员没有履行应尽的职责。例如，有些单位的采购人员本应根据相关的要求对采购的物品进行分析，碰到属于政府采购目录范围的物品，移交到财务部门办理政府采购申报手续，但一些单位的采购部门和人员认为政府采购与自己无关，不认真学习相关的规定，违反政府采购规定进行采购，给财务管理造成混乱，还把责任归结于财务监管不到位。事实上，财务部门并不管理采购部门，只负责政府采购的经办手续，部门职能不明确使财务人员成了相关部门和人员的替罪羊。

第二，会计人员以往学习的内容主要是财务会计的财经法律法规、会计核算方法、税务申报等实用型知识，缺乏管理会计、图书馆业务管理的学习与经验，对于现代公共图书财务人员从财务会计逐渐走向管理会计的岗位要求很难适应。

（五）预算编制和执行存在瓶颈

预算管理是图书馆财务管理的重要手段，已经覆盖到全馆各项经济业务的各项环节中，是考核图书馆业务开展情况、资金利用水平、项目使用绩效的重要指标。

第一，图书馆组织各部门参与到部门预算编制中，由财务部门传达预算编制口径与预算项目申报书的格式，接着，由各部门编写预算项目，填写"项目申报理及主要内容、测算依据、项目工作目标及实施计划"，经领导统筹考虑、审核批准后报送财务部门。最后，由财务部门上报。但近年来，财政部执行"两保一压一调整"的原则，即保运转、保民生，压缩非急需社会事业建设项目的原则，往往不会批复新增的项目预算，对原有项目增加部分的资金预算也没有审批，这种情况大大降低了编制预算的积极性。

第二，部分预算单位缺少预算项目管理考核体系，一些项目资金使用部门压根没有严格执行部门预算的意识，年初没有认真编制部门预算，年中没有根据预算批复数、批复内容统筹开展全年业务，年底不对预算执行结果承担法定责任。在这种模式下，预算单位没有实现"事前预测、事中控制、事后分析"的财务管理功能，导致预算资金使用缺乏监控，部分项目的实际内容与预算批复数出现偏差，财务人员的预算工作夹在单位与财政中间，内外交困，给财务人员开展预算工作带来了不小的压力。

（六）固定资产管理不规范

第一，我国部分行政事业单位的资产长期处于弱化管理的状态，预算单位从固定资产入库、领用、保管、使用、变更使用人、变更使用地点直到报废等环节，没有制定相关的管理办法，工作人员对固定资产使用没有登记、变更的意识，加上一些单位没有配备专职的资产管理员、没有设置实物明细台账、未按照财政规定处置资产等历史原因，导致固定资产管理混乱，许多实物资产与财务信息账实不符。

第二，作为图书馆特有的、为读者服务的物质基础——纸质图书，它们是图书馆资产管理的重难点。首先，图书馆在业务发展中，难免会由于图书流通借阅、数量多、难清点等原因出现图书数量与账面不一致的合理差错；其次，由于有些图书馆对外捐赠图书、剔旧未办理相关手续，也会造成纸质图书的数量虚挂现象。随着图书馆馆藏资源每年的不断增加，导致图书数据库的准确性下降，账实不一致的情况越加严重，给读者借阅、资产管理等都带来了困难。

二、图书馆财务管理的应对举措

（一）保障图书馆财务管理的独立性

图书馆的财务管理工作，应该确保其独立性和权威性。进一步划分图书馆财务管理与政府部门之间的责权关系，确保图书馆财务管理工作仅受制于图书馆内部的管理阶层。保证图书馆财务管理工作能够做到统筹规划、精密管理。对资金运用的动态能够做到实时追踪管理，对资金的运用计划能够及时公开，保证财务管理的透明度。同时，构建出完善的财务管理与监督机制，引进市场监督与社会监督两大监督主体，创建出共同协作的监督管理平台。

（二）全面提升财务管理队伍的职业素质

首先要强化财务管理人员的现代化管理意识，对成本管理、图书馆运行效益等工作内容进行不断规范。其次，确保图书馆内部财务管理队伍的稳定性，注重人员培训和培养，定期考核。落实财务管理工作的一体化制度，做好财务活动事前研判、事中控制和事后监督的全程动态监控管理。保证财务管理队伍能够高质量、高效率地发挥它的作用。

（三）建立合理的经费结构体系

首先，图书馆可以考虑构建一种行业组织，这种行业组织的功能不仅仅表现在对学术问题的研究上，还要能够充分代表图书馆的利益，全面规划图书馆的建设发展，能够促进政府拨款的及时性和有效性，保障图书馆的经费使用的合理性。其次，图书馆在财务管理方面，应该保证更加合理地分配经费用途，保证经费结构的科学规划，将经费投入真正需要的地方。虽然这些问题很大程度是由图书馆的决策者执行的，但是财管管理部门也必须做好对财务支出的监督和审核工作。虽然受地域和发展程度的影响，图书馆的经费成分有所区别，但宏观上是一致的。图书馆的财务管理工作应该着重研究自身的经营发展需要，结合图书馆的服务内容，对报表支出结构进行适当调整，对财务管理目标进行科学制定，以确保图书馆经费短缺问题得到有效缓解。

（四）完善图书馆财务管理的信息化建设

图书馆的财务管理信息化是保证财管工作规范化、高效化、精准化和一体化的关键。财务管理的信息化建设，还可以有效管控图书馆的财务状况，保证图书馆经费能够更加有效的得到应用，为图书馆的良性发展创造条件。因此，应当正确认识图书馆财务管理信息化建设的必要性和重要性，提出行之有效的对策来处理财务管理信息化滞后的问题。首先应该解决的就是资金投入问题。财务管理部门应该对图书馆资金情况进行清点，对能够投入的资金进行明确，然后选择可靠的软件开发企业进行合作。在资金条件不允许的情况下，还可以采用分段建设的方法，合理安排分段建设时间。其次，提升财务管理队伍的整体素质。采用全面培训、定期考核的方式，让财务管理工作者无论是专业能力、还是信息技术应用水平方面，都能够满足财务管理工作的要求。

（五）增强财务管理的意识和培训

第一，图书馆增强对财务管理的重视程度，制订健全的财务管理制度，明确涉及财务管理环节部门的职责，结合图书馆的业务需要，梳理财务管理流程，提高图书馆的工作效率。此外，增强财务人员的管理意识，不仅要做好事后核算工作，还要充分利用财会信息参与到图书馆的业务活动中来，做好事前分析、事中监管等工作。

第二，通过培训学习、业务实践、吸纳优秀人才等举措，帮助财务人员提高业务素质、财务管理能力。财务人员要抓住学习的机会，多吸取工作经验，学习好的工作方法，学以致用，理论联系实际，为图书馆的发展提出合理化的建议，当好领导决策的参谋和助手，发挥财务部门的管理和监督职能。

（六）加强预算编制工作并重视预算执行考核

第一，针对每年财政部门不轻易增加常规性预算项目资金或原项目预算资金的情况，首先，预算单位领导与业务部门要根据业务开展需要与实际的工作情况认真商讨，提出合理的预算申请；其次，预算单位领导与财务部门负责人有责任经常与主管部门、财政部门沟通，交流和反映图书馆发展的变化与实际需要，配合财政部门进行调研考察，争取得到主管部门、财政部门对申报项目的理解与支持，通过部门预算申报。

第二，预算单位应建立预算执行考核体系，当预算批复下达时，财务部门必须及时汇报给单位领导、预算申报部门，各预算申报部门按照财政要求批复项目与资金，调整制定本年度项目执行安排内容与进度的纸质文档，明确项目执行职责，报领导审批后再报财务部门备案。年中，各部门按照年初制订的项目内容与进度来执行，财务部门根据备案内容，对各项目的支出内容、金额、进度进行核对，如果出现问题要及时反馈给相关部门，单位领导负责对预算项目执行情况进行考核，为下年度的预算编制提供参考。加强预算执行过程中的沟通与监管，使执行预算的部门对本年度的工作开展、资金情况清晰明了，做到心中有数，能够主动地执行预算，承担预算资金使用的职责，提高预算资金的使用效率。

（七）重视国有资产管理并依法完善资产处置流程

第一，重视固定资产的制度化管理。图书馆应根据各地区行政事业单位固定资产管理的相关文件规定，制定适合本馆的固定资产管理制度，详细规定固定资产配置标准、购置、入库、领用、调拨、处置、报废等环节的操作手续，明确部门、个人保管和使用固定资产的责任。其次，单位设置资产管理员，建立固定资产台账，做好固定资产变动登记工作，保障账账一致、账实相符。

第二，针对图书馆纸质流通、外借、合理差错造成数量不一致的情况，图书馆需要定期或不定期地进行图书清查工作。图书的清查是一项复杂而又烦琐的工程，甚至是行业难题，各馆一直在进行实践、总结，以寻求更好的清查方法。有的图书馆采用采集器批量清点为主，妙思集成系统模块逐本清点为辅的方法；有的图书馆运用物联网 FIRD 等先进的数字化管理技术；有的采用盘点机、对资产清查结果进行深度统计和分析等办法。图书馆应组织专业人员借鉴他馆图书清查的案例，设计高效、简便、适合图书馆的图书清查办法，摸清家底。其次，对于图书对外捐赠、剔旧、转库等原因导致图书减少的情况，相关部门要落实相应的捐赠、报废、调拨手续，将相关单据的明细转交财务，及时按照行政事业单位国有资产处置规定的程序办理资产减少业务，实现账实一致。

第三章　现代图书馆的运作管理

管理是人们组织社会生活和社会实践的纽带，其意义已由实践活动升华到经济资源的范畴，西方学者将管理、科学和技术并称为现代文明的"三鼎足"。一个国家、一个民族或一项事业，能否兴旺发达，很大程度上取决于"管理"的"资源"是否得到充分的开发和有效地利用配置。具体到图书馆领域，科学技术的迅猛发展，时代的变迁，造成了图书馆工作现代化，要使现代图书馆充分发挥其社会职能，就必须依靠管理的推进。

第一节　现代图书馆再造的价值取向与发展趋势

一、现代图书馆再造的价值取向

在现代图书馆空间再造中，最根本的价值取向就是将空间理论作为基础，将空间的关系妥善处理好。

（一）处理好空间与社会的关系

德国社会学家齐美尔对"空间的自然属性"和"社会属性"以及二者之间的关系进行了深入论述，帮助我们从一个全新的角度来认识"社会"和

"图书馆空间"之间的关系。从理论上讲，二者之间存在着密切的联系和区别。

首先，当代的公共图书馆具有"非强制性"的特点。"无条件的公共空间"又被称为"绝对的公共空间"，其本质是"公共性"和"非竞争性"。公共性和非竞争性被用来描述公共资源的社会性质和使用规范的一种基本分析工具，在这里，它特别强调的是，公共图书馆是在公共资金支持下的公益性服务机构，它的空间资源的性质不是市场机制决定的。

其次，当代的公共图书馆是一种公正的空间，它以平等的方式来维持人们获取图书资源的公正性。无论年龄、性别、国籍、语言和社会地位如何，每个人都具有同等的享有公共图书馆服务的权利，这一点是为维持公平和公正而制定的一项基本原则。此外，我国的图书馆必须以此为依据，妥善处理好服务的几种关系，包括基本与非基本服务、普遍性与个性化服务、传统与新兴的服务等，尤其要结合中国的特殊情况，妥善处理好传统文化和现代文化、都市文化和乡村文化、大众文化和国家文化的关系，努力克服"城市中心论"[①]的趋势。

在当下，人们对现代图书馆空间的公平性的价值追求，会受到各种因素的影响，包括区域自然环境、制度体系、经济条件、人口结构等方面。这些方面包括的内容也很多，比如空间布局结构、空间供需匹配、空间资源配置、空间资源利用率等，还与公共空间中的利益关系相联系。比如，在目前的公共文化服务体系建设中，存在着"城乡二元格局"，这造成了城市和乡村的公共文化空间出现了严重的分裂，这说明了事实命题与价值命题是两个完全不同的领域，再加上效率与平等之间无法避免的矛盾，这就需要采用一种特殊的方法，那就是将更多的优质空间资源向农村基层倾斜。

（二）构建空间与自然的和谐关系

中国人在很久以前就提出了"天人合一"的思想，把人和自然看成是一

---

① 张勇，余子牛，郑障飞，等. 继承与弘扬公共图书馆精神，推进公共图书馆事业的可持续发展［J］. 图书馆，2005（1）.

个有机的、密不可分的整体。虽然生活在现代化的城市里，但是人类对大自然的感情却是非常强烈的。所以，要建立一个与自然相协调的空间，就要坚持低碳、生态的思想，充分运用风、自然光、绿植、环保的物质，营造出一个自然、健康，让人有一种回到自然的感觉的"第三空间"。

芬兰享有"千湖之国"的美誉。芬兰赫尔辛基位于高纬度地区，冬天长，日照少，是全球第二大城市。赫尔辛基中心图书馆的设计者就是针对这里的自然环境特点，把最大的一层，也就是具有最佳的自然光线条件的区域，设计成了一个完全开放的阅读学习区，在波纹状的白色穹顶上，有许多圆柱状的天窗，使得这里的光线和气流都得到了很好的满足，被称为"读者天堂"。

美国西雅图地处普吉特湾与华盛顿湖的交界处，气候温和。西雅图公众图书馆的设计者，针对西雅图多雨、多云、光照时间短的特性，特别设计了雨水收集设备及循环水系统，并采用凹形倾斜的玻璃窗顶，使得房间内充满了充足的阳光，给人一种人与自然、生态融洽的感觉，是当代图书馆空间设计的范本。

同时，"借景"在营造与环境之间的协调上，也起到了不可忽视的作用。"借景"是中国古典园林的一种主要设计方法，《园冶》中提到："夫借景，园林之最要者，如远借、邻借、仰借、俯借、应时而借，借者，园虽别内外，得景则无须远近。"① 这是一种将视点与视线的精巧组合，将原本不在视野之内的风景，都纳入了观察者的视野之内，从而最大限度地营造出一片"天地"。

例如，"借"到了茫茫大海的阿那亚的"孤独图书馆"，成了"网红"们选择的热门地点；从西山"借"了美丽山景的颐和园昆明湖；苍浪阁的山间廊道，以百余处可透光的窗口，将园林中的假山与园林中的流水融合在一起，达到"移步易景"的效果，别具一番情趣②。利用"景"与"景"的结合，能够打破场所的局限，让空间和周围的自然景观相互呼应、融为一体，

---

① 陈旭，倪伟伟. 室内空间环境与自然景观的和谐关系［J］. 美术大观，2008（10）.
② 戚颖. 浅析"天人合一"哲学思想对园林的影响及应用［J］. 宁夏农林科技，2019，60（5）.

从而把空间的领域扩展到无边无际的范围，这不仅能丰富园林景观的内涵，而且还能反映出中国古时"天人合一"的思想。

在图书馆的建筑设计中，除"借景"外，还经常采用"造景"的方法。"造景"一般指的是将山川河流、花草树木等自然景色直接移植到室内，代替了传统的墙壁空间划分方法，不仅可以将自然的气氛引入空间中，还可以创造出一种通透的视觉效果，让人看起来很舒服。

（三）发挥空间塑造人的积极作用

在人与空间的关系中，"人"处于主体地位，所有的空间设计都应该满足人的需求。在齐美尔看来，空间是一种排他性、分裂性和内容固化性的空间，其接触可以影响人与人的关系，而团队在空间中的移动则可以弱化这种分裂性。

比如，通过建立研讨空间时，给读者们带来了一种有别于过去静态学习的全新的空间体验和心理感知，加强了人与人之间的沟通与合作，推动了互动式学习模式的普及。创客空间是一种将具有相同兴趣爱好的"创客"汇聚到一起的空间，通过对他们进行创新意识的培育，提升他们的创新能力，让他们可以通过开放源代码和网络，将更多的想法转化为更多的成果。在此，我们可以看到空间与人的最根本的关系："人是空间的创造者，但空间也在塑造人、改造人。"①

空间对人的形塑作用，还体现在对人的心灵层面的影响上。一种是物质层面的"实践空间"，另一种是在灵性层面上的"理念空间"，二者的组合所形成的"第三空间"，则会展示出旺盛的生命力。

空间社会学理论指出，现代图书馆空间不但具备了物质空间的基本特征，即它既是书籍的栖身之地，又是新老媒体并存、实体与虚拟共融、多元需求交织的文化消费场所，而且它还具备了精神空间的特征。② 二者的结合，

① 杜丽. 论空间社会学的三种理论起源 [J]. 湖北工程学院学报，2012，32（6）.
② 段小虎，王稳琴. 基于体验的认知：图书馆文学中的学术思考 [J]. 图书馆论坛，2015，35（4）.

对人的心灵世界产生了巨大的冲击。这就是为什么图书馆被阿根廷作家博尔赫斯称赞为"拜神所赐"的原因,也是为什么它被印度诗人泰戈尔称为"自我解放的灯塔"① 的原因。

二、现代图书馆空间再造的发展趋势

大规模、连续的空间重构,作为现代图书馆业务改革的一个重要途径,是空间发展的一个新"增长极",同时也对传统的图书馆空间的稳定与结构的单一化产生了冲击,尤其是在公共图书馆中,空间界限模糊、空间矛盾复杂化、空间互动多元化的新趋向,给现代图书馆的空间理论建设与现代公共图书馆的制度安排带来了新的考验。

(一) 空间边界模糊化

以前,人们对图书馆的描述一般都是一个"物理空间",它具有固定的位置、固定的边界、固定的大小,显然它是独立又静止的。此处通过对图书馆空间社会特性的分析,对图书馆的空间概念进行了重新认识,并对其进行了深入的探讨。以深圳和东莞为例,"书香城市"的创建过程中,"城""馆"相结合,呈现出一种"藏城"的局面。

此外,过去只在有明确边界的公共空间里寻找藏身之所的图书馆,现在已经扩展到了私人空间、商业空间,甚至是居家空间,比如温州"城市书房"就是建立在商业空间的基础上,把商业空间和公共空间结合起来;温岭"家庭书屋"集个人与公众空间于一体。程焕文先生曾言:"图书馆的空间有多大,图书馆的舞台就有多大"②。从空间社会学的视角来看,图书馆空间边界的模糊化,并不是一种单独的现象,它对社会空间模式的重新塑造,扩大了当代图书馆的空间理论的研究范围,对当代公共图书馆的制度安排产生了深远的影响,甚至改变了政府、社会和市场之间的利益关系。

---

① 泰戈尔. 泰戈尔散文选 [M]. 白开元, 译. 天津: 百花文艺出版社, 2005: 17-18.
② 程焕文. 图书馆有多大 舞台就有多大 [J]. 公共图书馆, 2013 (2).

（二）空间互嵌多元化

当代图书馆空间发展的另一个重要特征就是"空间互嵌"。美国爱荷华大学在1992年建立了"信息拱廊"，后来发展成了信息、学习、知识共享空间，这是一种革新。而进入21世纪后，许多图书馆把咖啡厅、众创空间、展厅、音乐厅引进到了图书馆，这是一种空间互联的新发展。

例如，美国希拉里·罗德姆·克林顿的儿童图书室，就有一个电脑实验室，一个教孩子们如何做饭的教具，以及一个可容纳165人的剧场，还有一个供孩子们阅读的书。芝加哥托马斯·休斯的少儿图书馆，除了拥有一个木偶剧场和一个小花园外，还有一个为年龄较大的儿童准备的数位媒介装置，帮助他们进行数位艺术创作。

另外一种表现就是将图书馆空间融入其他公共、商业和私人的私人空间，比如温州的"都市书屋"就是将图书馆空间和商业空间相融合；温岭的"家书屋"，正是将"家"的藏书空间扩展到"家"的私密空间，温岭市甚至在自己的渔船上修建了一座小型的图书室，这样即便相距数千公里，也可以借阅到这座图书室。除此之外，还有企业分馆、机关分馆、学校分馆、部队分馆、众创空间分馆等，这些都是空间互嵌多样化的具体体现。

（三）空间矛盾复杂化

空间边界模糊、空间交互性的多样性导致了复杂的空间矛盾。

一是图书馆空间设计的理念和方法的发展，极大地削弱了其稳定性；温州的"都市书房"，各类分馆和自助图书馆，都发生过搬迁、撤销的事件，还有图书馆在进行内部空间布局时，由于没有形成良好的空间秩序，做出了一些错误的决定。

二是在图书馆和商业的融合中，存在着一定的收益分配问题，加之目前的政策制度，对"免费基础"的界定不清晰，对"可收费"的非基础服务的规定也不明确，这也使得部分图书馆面临着违法的危险。

三是在多种文化形式并存的情况下，由于空间边界模糊与空间互嵌性的多样性，产生了新的空间冲突，这对"无条件公共空间"的价值体系，对图书馆的传统社会功能，对图书馆的核心竞争力提出了新的要求。

（四）空间发展智能化

5G的来临，使人工智能的应用越来越广泛。人工智能作为"第四次工业革命"的重要组成部分，被誉为"图书馆领域的六大革新"。在人工智能时代，用户的信息需要和空间体验会变得越来越多样化，他们会更加重视空间的个人化和体验，智能化必然会成为图书馆空间再造的发展方向。

在人工智能与数字化技术的持续发展与运用下，图书馆这一"第三空间"，将会给读者带来更多的收获与感受，其空间改造也由"信息分享"向"学习空间"甚至"智能空间"的内涵拓展。

在我国，深圳图书馆率先采用了RFID技术，它不仅可以准确地对藏书进行定位，还可以提高藏书的流转效率，减少人力资源的消耗。当前，以无线网络为基础的射频识别和人脸识别等智能信息服务，已被很多公共图书馆所采用。例如，江苏常州的"魔力书屋"，"信用智能借阅架"也在上海杨浦区的图书馆现身。

随着物联网以及云计算、人工智能等技术的不断发展，未来的图书馆将会建立起一个立体的智慧空间。从对灯光和温度的智能控制，到对文献的收集和自动盘点，图书馆将加快其转型的步伐。

在空间社会学的研究中，从实际出发或以实际为基础，可以对空间与社会、空间与人之间的关系等进行研究，显然可以看出其具有一条明确的发展脉络。相对来说，"第三空间"的概念虽然成熟了，但并不代表它的空间理论也就成熟了，尤其是在经济全球化、居住城市化、文化多元化等大背景下，政治、文化、社会公平等因素与空间问题交织在一起，相互影响，这就导致了如果单纯从图书馆发展的视角来认识当代图书馆的空间重构，并不能很好地解释和解决目前公共空间所存在的各种社会问题。图书馆的空间变迁、空间治理、空间秩序等问题如果解决不好，都将成为制约图书馆发展的瓶颈。

尤其是在没有系统化的理论支撑下，现代图书馆的空间重构极易产生一些不好的现象，比如盲目、混乱和攀比等，并引发新的空间冲突。因此，基于对空间社会学的研究与借鉴，并根据自己的实际情况及区域文化背景，可以建立起一套适合我国国情的现代图书馆空间理论体系，这对促进我国图书馆空间重构的实践发展，有着十分重大的意义。

第二节 现代图书馆的全面质量管理与体系构建

一、图书馆全面质量管理概述

现在，企业已经开始将全面质量管理体系进行推广应用，它是一种以人为本的管理方式，可以让员工更加积极地参与到工作当中。这种动态的管理方法注重于有计划地提高产品的品质，从而满足不同的使用需求。

进行图书全面质量管理的目的是很明显的，那就是提高服务质量、提高效益。它使图书馆的质量检查、考核都逐步规范化，从而确保图书馆具有科学的管理体系，以满足各类读者的需要。

（一）图书馆全面质量管理的原则

图书馆在实施 TQM 时，必须遵守 TQM 的基本原理，并根据 TQM 的基本原理，制订 TQM 的基本原则。图书馆在建立 TQM 的过程中，要考虑以下几方面的问题，包括用户满意、用户评价、持续改进的过程理念。

1. 图书馆要坚持用户满意原则

图书馆的经营活动的终极目的是要满足更多使用者的需要。它的服务对象是全体的读者，要想提升图书馆的工作品质，就必须要对使用者有更高的责任感，要将已有的各类资源进行有效运用，采用不同的方法，制订出与使用者的需要和期待相一致的管理政策，以最丰富的资源、最好的效果，来最大限度地满足目标使用者的需要。

2. 图书馆要坚持用户评价原则

读者评价是一种反映图书馆服务水平的有效手段。读者对图书馆员的客观评价，为图书馆员不断提高工作质量提供了客观的决策基础。用户评价的结果是对图书馆信息资源进行建设，对重大问题进行决策，对馆员的工作进行评价，显然，其发挥的作用是很大的。

3. 图书馆要坚持持续改进原则

伴随着时代的发展，科技、信息技术水平的提升，使用者对信息资源的需要也呈现出了多元化、多层次的特点，因此，图书馆必须与大环境的改变相协调，完善全面质量管理体系。

4. 图书馆要坚持过程概念原则

图书馆应以规范化的流程为基础，对其进行质量监控。全面质量管理体系要建立起与之相适应的管理制度，对每一项工作、每一位馆员、每一个管理环节，都要进行规范，让图书馆的工作可以有规律地进行。[①]

(二) 图书馆全面质量管理的必要性

1. 可提高服务质量

在现代图书馆工作中，引入"质量"理念，构建"质量制约机制"，为现代图书馆工作的发展提供了新的思路。在图书馆工作的每一个环节中，对其进行有效的质量管理，可以建立起馆员的质量观念，从而提高图书馆的读者服务工作，这是一个部门的多人和多个部门之间相互协作，显然是需要共同努力的。在质量管理体系中，不但要对直接与读者打交道的流通、检索等环节工作，做出详细的规定，而且还要对间接为读者服务的部门，提出对下一工序服务的相关规定。

也就是说，下一个部门，如果将上一个部门的工作继续下去，那么这个部门，就会成为上一个部门的"顾客"，所以，不论是谁，都要为下一个部

---

① 刘荻，陈长英，刘勤. 现代图书馆资源管理与推广 [M]. 北京：光明日报出版社，2017：71.

门考虑。比如，采访部将分编部作为"顾客"，而对于分编部来说，又将阅读、流通部作为其"顾客"，这样，图书馆中的每一个部门，每一个人都知道自己的"顾客"是谁。这样，他们就可以确保自己所做的工作，不但能够满足他们自身的需求，还能够让他们的"顾客"满意，由此，就可以提升图书馆的整体工作质量。

2. 可保证工作质量的稳定

在进行管理时，应该明确图书馆的质量政策和目标，应该明确每个职位的责任和权力，还应该构建一个质量系统，并确保它能够高效地运作。在质量管理中，除了强调人的主体作用外，还强调对管理活动中各个环节中的质量进行衡量和控制。将品质系统以书面形式记录下来，可以使图书馆的工作更加稳定。一个良好的质量管理系统，能够确保为读者提供高质量的服务。

3. 可促进工作的规范化

引入质量管理方法，从而构建出本馆的高质量系统，可以通过对组织机构与职责、岗位工作指导书等进行明确，对每一项工作的程序以及控制的原则和方法进行明确，对每一项工作中的接口的处理方式进行明确，对每个工作岗位的工作流程和行为规范进行明确等，以此让图书馆工作人员有章可循，从而提高他们的工作规范意识。

4. 可持续改进

传统的经营方式往往把"不坏就不修"作为中心。TQM 将重点转移到体系与流程上。为改善该机构在执行其使命时所需的重要程序，已在不断改善和应用各种特殊的方法、工具和测量方法，从而对数据进行系统化地收集和分析。不断改善的因素有两个：

一种是提高人生观的方法，另一种是一套解决问题的方法和技能。其中，问题解决工作包括了头脑风暴法、因果图、控制图、流程图等。通过这些图表，我们可以了解到一个机构的工作流程是怎样的，变动会发生在哪里，需要解决的问题是否已经达到了期望的效果等。

为了进行不断的改进，有一个简单的先决条件，那就是，一个结构性的解决问题的过程会比一个非结构性的解决问题的过程会得到更好的结果。与传统的只是用一种模糊的、直觉的方法来改进的做法不同，不断的改善是基于定量的性能指标，使得图书情报机构能够设定可测量的目标，并对倾向于这些目标的过程进行监视。[①]

二、图书馆全面质量管理体系的要素

图书馆是一种新型的社会性文化组织，它的任务就是收集、收藏、整理、传播各种信息，图书馆的 TQM 系统包含如下内容。

（一）持续改进

不断提高服务品质，应该成为图书馆永远的追求。由于环境的改变、科技的飞跃，读者的需求也在发生着变化。读者在阅读过程中，愿意接触到一些最新的消息。所以，图书馆应该构建一种适应机制，主动应对外部环境的这些变化，从而加强图书馆的适应性，同时提升其竞争实力，这就是所谓的"持续改善"。

TQM 是一项长期的工作，不能一蹴而就的。在一定程度上，TQM 应该变成一种"生活方式"，而不只是一个"变革"。TQM 的到来，使企业的企业文化发生了变化，观念发生了变化。在实践中，要在全单位树立"质量第一"的理念。

持续改进的内容主要有两个：一是在图书馆量化绩效指标的基础上，确立可测量的目标，并对达到这些目标的进程进行监督，对其进行持续的改善，以提高其对读者的服务品质，满足或超越读者对其的预期。二是要学会一套解决问题的方法，可以采用一些辅助的手段，比如流程图、管理图等，通过它们可以看出图书馆工作流程的合理性、所解决问题的重要性以及所引起的改变等。

（二）关注用户

在 TQM 中，客户满意度是影响企业服务品质的重要因素，而客户满意度

---

① 刘荻，陈长英，刘勤. 现代图书馆资源管理与推广［M］. 北京：光明日报出版社，2017：75.

又是影响企业发展的重要因素。图书馆应该把读者放在第一位，把读者的需求理解与满足当作思考与规划的起点。因为使用者的需要在持续地改变，所以，除了了解使用者目前的需要外，更要预见使用者将来的需要，以达到和超越使用者的期待。例如，图书馆的卡片目录可以从多方面让读者查找到自己想要的书籍，而且还能从"相关参照"出发给读者带来其他有益的提示，这是一种超出读者预期的行为。

将读者作为中心，可以构建图书馆迅速响应读者需求的机制，提高读者的满意度。

（三）人员素质的有效提高

人员素质和培训是图书馆实施全面质量管理的必不可少的要素之一，全面质量管理是"以人为本"的管理，即把员工视为管理的主要对象及图书馆的重要资源。

馆员素质决定了图书馆的服务质量。图书馆想要提高服务质量，让用户满意，就是要加强对图书馆人员的素质管理和训练，让所有的工作人员都能够牢固地树立"用户第一、质量第一"的服务理念，并将其落实到工作中去，从而持续改善和提高服务水平。

（四）全员参与

充分发挥人的积极性、主动性、创造性，以及提高人的整体素质，这都是进行有效管理的根本条件，也是进行有效管理所要取得的成效。

列宁指出，"图书馆工作之魂，就是图书馆工作之根本"。只有在图书馆工作中，各个职能部门、各个层级的人员都积极地参加进来，才可以营造出一种人人都关心服务质量、每个人都对服务质量负责的氛围，从而确保实现预定的目标。而全员参与的核心是调动图书馆员的积极性，只有如此，图书馆用户才会获得最大的满足感。

（五）协同合作

尽管图书馆可以按职能的不同划分为若干个不同的部门，但各项服务之间却都有千丝万缕的关系。同时，任何一项服务也往往是由多名图书馆人员共同承担的。因此，图书馆全面质量管理特别强调服务中的相互协调，倡导不同部门或同一部门的图书馆人员共同解决问题。

（六）领导重视

图书馆以满足读者需求为目标，其在运作期间开展的相关各项活动，决定着图书馆工作的发展方向。图书馆的经营活动必须符合其经营目的，这样才能达到其经营目的。

确定图书馆的目的和方向，并使之连贯一致，营造出一种让所有的员工都能积极地参加到图书馆的工作中来的氛围，从而达到图书馆的目的。这一点对于图书馆的工作是非常重要的。所以，在推行 TQM 的过程中，必须得到馆员和其他管理人员的支持。公司高层领导对 TQM 的高度重视，是实现 TQM 的关键。最高层的管理者对 TQM 不关注，也会成为其他员工不承担质量责任的借口。[①]

三、图书馆全面质量管理体系的构建

（一）建立图书馆全面质量管理体系采用的主要方法

1. 业务流程的控制

业务流程管理指的是通过对业务流程的分析和研究，对所需要完成的任务以及在执行任务时遇到的问题进行了清晰的认识。在此基础上，用户和工作人员之间进行了通力合作，从而实现了供需双方的顺畅对接。

2. 尺度上的追赶

所谓的标尺追赶，就是提前设定一个参考目标（可从单位内部和外部选取），之后将现有的系统与这个目标相比较，找到存在的差距，进而不断地加以改进和提高。

[①] 杨杰清. 现代图书馆管理实务［M］. 北京：现代出版社，2019：181.

3. 重构

重新设计并不只是涉及过程的改善，而是从整体角度重新构建过程。

4. 一个 PDCA 周期。也就是"计划—执行—检查—处理"的工作周期，这四个步骤都是逐步向前推进的：制定质量目标—制定活动计划—管理目标—实施计划。实施阶段按照预先的计划要求，以贯彻实现计划、目标。审核阶段，应根据实际情况和预期的指标，审核项目的实施情况。这个过程，其实就是一个总结的过程。

5. 组建质量管理团队。在执行整体品质时，一般会建立一个品质管理团体，这个团体包括图书馆中的有关部门，并雇用使用者作为协调人员。

6. 运用服务品质法对图书馆的服务品质进行评估。美国的服务业营销者根据"全面品质"的原理，提出了"服务品质"这一概念。美国图书馆学者对这种评价方式产生了浓厚的兴趣，并据此提出了五个层次，以此作为用户评价和衡量图书馆服务水平的一个客观指标。五个层次包括物质基础、可靠度、服务效能、安全保障和情感迁移。每个层次都被划分为几个问题，向使用者提出评分，最后得到使用者对图书馆的一个客观的评估，同时，管理者也会以使用者的评估为基础，制定出一套策略方案和一套提高图书馆服务品质的指导方针。

（二）图书馆建立全面质量管理体系的步骤

1. 统一思想

建立全面质量管理体系，实行全面质量管理，首先图书馆的领导要统一思想，让员工明确实行全面质量管理的必要性和可行性，尤其是管理者必须认清其作用和目的。方法是：收集有关全面质量管理的信息，特别是应用于教育部门、服务部门、非营利组织以及图书馆的重要论述；组织访问考察已成功实施全面质量管理的图书馆，获得关于全面质量管理的第一手资料；聘请全面质量管理专家和顾问到图书馆开办讲座，参加有关全面质量管理的会议、研讨会和培训班等。通过这些活动，使图书馆员工对全面质量管理的概念、历史背景和它在非营利机构中的应用有比较充分的了解，明确图书馆实施全面质量管理的意义和它在改进图书馆工作质量和服务质量中的作用。

2. 组织保证

推行 TQM，关键是领导。应当成立一个以组长、副组长、主要负责人的领导小组，对图书馆员的管理系统的建设进行全面的组织和执行。中层干部不仅是一个具体的指导者，也是一个实施者，他们的参与对图书馆实现全面质量管理起到了非常关键的作用。

3. 员工培训

推行 TQM，需要全体员工的共同努力。这就需要每个人都要清楚地认识到在图书馆实施全面质量管理的意义以及其对提高图书馆工作质量和服务质量所起到的重要作用。同时，我们也要掌握一些进行全面质量管理的技术和方法，比如：头脑风暴法、标准评估表、因果图、流程图等。在对问题进行分析，进行改进，并对效果进行评估等方面，都有很大的帮助。培训的方式多种多样，比如召开全体员工大会、在板报上张贴通知、举办培训班等。

4. 全面质量管理体系的策划

首先，我们要确定 TQM 执行的目标，也就是执行 TQM 后要达到的长远和短期的目的。制定目标要以上级主管部门所制订的图书馆在几年之内的发展总体规划为中心，按照上级的规划，制订出符合现实需求的质量管理方案，然后，还要结合本馆的现状，来明确自己的基本任务、最近几年的目标和所采取的相关战略措施。

5. 机构绩效评估

在此过程中，读者的满意度可以从不同角度、不同的评价标准等方面展示出来，从而达到提高读者服务质量的目的。因为只有将目前的业绩与用户的预期相对照，找到差距，查出在质量管理方面的漏洞，才能确定改善的方向，设计新的管理系统，从而提供优质的服务。

6. 全面质量管理体系结构的设计

通常，以全面质量管理的流程为基础，也就是策划、实施、评价及设计。同时，在每个馆舍的具体情况和对其认识的基础上，在每一个环节中，都添加了一些不一样的内容，绘制出一个管理体系的模式。

7. 组织与实施

在策划质量管理体系和设计体系结构的基础上，应具体落实组织机构职责权限和分工。通常要制定两图一表，即组织的《行政机构图》和《质量管理体系结构图》以及《各职能部门的职能分配表》，明确各个部门的职能。职能分配表具有十分重要的作用，因为它使体系的运行有了组织保证。

要调整机构、配备资源，使职能部门按计划完成自己的任务和目标，就必须赋予其一定的职责和权力，配备一定的人力资源、物资资源、基础设施，营造相应的工作环境。

8. 编制文件

推行 TQM，要有书面记录，这样才能保证动作的连贯性，并能对执行前后的结果进行对比。记载的内容所涵盖的方面也是很多的，如：实施全面质量管理的方针政策、保证体系正常运转的规章制度以及平时会议的记录。

9. 图书馆效率的测量和审计

在实施 TQM 后，要充分认识 TQM 的工作效能如何以及用户对 TQM 的满意度如何。所以，在完成工作之前，我们要利用图书馆统计的理论，从数量和质量两个角度来评价，并对其结果做出评价。比如统计出图书馆机读数据库被检索的次数，采购部门所采购的各专业图书数量等方面的内容。

通过比较全面质量管理实施前后的统计数据，衡量质量管理实施后图书馆工作效率的提升情况，对于图书馆质量管理系统的发展而言是非常有意义的。

另外一种专门的图书馆效能度量方式是审核。审核，就是使用某种专门的标准，来评价和总结图书馆的工作。图书馆的审核一般可以通过一个审核团队来完成，这个团队来自馆内和外部，来自不同领域的专家以及读者。通过读者调查、效率测量和审计，能够对实施全面质量管理时所制定的工作计划的执行情况进行一次全方位的检验，并从中吸取的经验和教训，为下一阶段进行新一轮的质量管理工作打下基础，进而使之成为一个新的质量管理周期。[①]

---

① 师美然，张颖，张雯. 图书馆创新与现代管理研究 [M]. 长春：吉林人民出版社，2019：147.

第三节　现代图书馆的服务管理

　　服务经济必然要求服务管理，服务管理有赖于服务管理理念的确立。现代图书馆服务管理理念则包括组织与机构管理、物质资源管理、人力资源管理、经营管理、形象管理及效果测评管理几个层面，从而构成了整个图书馆服务管理系统。服务管理系统的实施，就成为整个图书馆服务管理的现实拓展。

一、图书馆服务的含义与特点

（一）图书馆服务的含义

　　图书馆服务通常也称为读者服务工作，简称读者工作，是指图书馆根据读者对文献和信息的需求，充分利用图书馆资源向读者提供文献和信息的一切活动的总称。

　　图书馆服务是一项十分复杂的系统工程，其实质就是以读者信息需求为导向，确定图书馆建设方针、服务任务和服务目标，按照图书馆工作自身的特点和规律，准确把握读者的信息需求心理和阅读规律，通过不断地创造和完善服务方式，向社会传播知识，向读者传递文献信息，从而实现图书馆服务的目标。从这个意义上说，图书馆的一切活动都是围绕着读者服务这个中心展开的，图书馆的一切活动也都是图书馆服务工作的有机组成部分。

　　因此，图书馆服务研究领域包括的内容十分广泛。在传统图书馆服务领域，它包括读者对象、读者需求的界定，进而开展信息资源建设与组织，根据读者的组成结构、读者的阅读心理、读者的需求以及文献信息资源的特点和利用方式的特点等，精心开展文献信息资源的整序、组织和管理，以此为基础，通过阅览、借阅、文献传递、馆际互借、参考咨询等各项服务开展读者服务工作。在数字图书馆服务领域，还需构建适合网络虚拟环境的服务功能和方式，开展网上数字化信息服务。

（二）现代图书馆服务的特点

在现代图书馆的建设与发展中，技术的进步与广泛应用从根本上给图书馆的服务观念和服务方式带来了巨大变革。技术的进步改变了图书馆的资源建设模式，开拓了图书馆的服务领域和方法，也促进了图书馆在信息资源共建、共知与共享领域的全面合作和服务。随着社会的发展，科技水平日新月异，计算机和网络快速普及，现代图书馆服务与传统图书馆服务存在很大的不同，其主要有以下三个方面。

1. 服务虚拟化

随着现代信息网络技术的广泛应用，建立在虚拟馆藏资源和虚拟信息系统机制上的新型信息服务模式逐渐形成。这种虚拟化的服务彻底改变了以文献信息资源为主线的传统图书馆服务模式，图书馆的服务始终处于一个动态和虚拟的信息环境中。通过网络传输，图书馆既可以利用自有或自建的数字化馆藏资源，又可以利用电子邮件资源、网络新闻资源、FTP 资源、Gopher 资源等多种互联网资源，这种无形的、即时的虚拟化信息服务突破了时空限制，使得图书馆为读者提供无所不在的信息服务成为可能。因此，服务虚拟化包括服务资源的虚拟化（即信息资源的数字化、虚拟化）和服务方式的虚拟化（即由面对面的阵地服务转变为面向虚拟读者、虚拟环境的服务）。其实质是图书馆由向具体人群提供实体文献服务，转变为向非具体化读者（甚至匿名用户）提供虚拟数字信息服务。

2. 文献多样化

随着数字资源的急剧增长，图书馆为读者服务的文献信息资源已呈现出印刷型文献与联机数据库电子出版物、网络化信息资源并重的格局。信息载体多样化的发展打破了纸质文献一统天下的格局，也改变着读者利用文献的习惯与观念。读者对信息载体的需求已不再局限于印刷型文献，单一的纸质文献及其传递方式已不能满足读者多元化的信息需求，读者的信息需求越来越多地转向各种类型的数字资源。同时，以现代视频技术为手段而大量涌现的数字视频信息资源，也为人们获取丰富的多媒体信息创造了条件。因此，文献多样化使得图书馆在文献保存、信息交流和教育的基础上，极大地拓展了服务空间，信息服务保障能力得到极大提升。

3. 信息共享化

随着互联网和各种信息技术的日益普及，图书馆信息服务的理念也发生了很大的改变。人们已经从过去的依赖自己所熟知的一个图书馆获得信息服务，发展到了依赖图书馆联盟，甚至是云图书馆来获得相关的信息资源。现代图书馆已经不是孤立存在的。

图书馆之间的信息共享服务有了越来越大的空间和自由，其交互需求与作用也越来越大。共享思想与共享技术使信息资源共享服务从来没有像现在这样成为现代图书馆服务不可或缺的有机组成部分，从而使真正意义上的信息资源共享成为现代图书馆服务的重要特征。①

二、图书馆服务管理的内涵

从其含义来看，服务管理包含了两个层次：首先，它面向的是管理者，具体包括了政府各职能部门及机构，它的含义是管理决策的性质和目的，在此意义上，服务也就是管理的同义词。此外，它针对的对象是整个组织所涵盖的所有员工，亦指的是整个组织的运作机制及存在理念，组织的运作通向是组织之外，在这个意义上，组织与服务可以相提并论。就图书馆来说，服务管理可以是一个简单的概念，也可以是一个人力的概念。因为后者的含义在某种程度上包含了前者的含义，服务管理策略的内涵非常丰富，概括起来如下。

（一）组织与机构管理

它是一种组织和制度的构成机理和结构。这一理论的提出，使"服务"

---

① 许松河. 图书馆管理与应用研究 [M]. 长春：吉林出版集团股份有限公司，2019：117.

成为制度和组织建设的依据，"服务"是制度和组织建设的根本。其内容包括机构内各个部门的设置，部门之间的联系，在具体的工作中，都要以"以人为本"的服务思想为指导。

所以，如果一个图书馆的基本宗旨是以信息咨询服务为基础，那么相关的一些部门，比如信息的采集部门、加工部门、传播部门以及各个有关的支撑和辅助部门的建立和运作，都应该将信息快速方便、有效地组织起来，从而将这些信息传达给需要的人。

在建立图书馆的各个部门时，一定要做到"一个也不能多，一个也不能少"，它的运作机制也必须相互支持，只有这样，才能完全保障服务理念的落实。要实现这一目标，就必须坚持科学、系统的原则。从这一点上来说，我国的图书馆与西方先进的图书馆还存在着很大的差距，我们一定要以最快的速度取得突破，从而使服务管理的理念得到落实。

（二）经营管理

我们都知道，图书馆是一种面向广大读者的公益事业，不以赢利为主要目标，而是以整体利益为导向，以大众的需求为中心。企业管理是市场经济发展过程中产生的一种普遍现象。企业管理是一种以个体为服务对象，以利益最大化为目标的管理方式。将其运营理念与图书馆联系起来，无疑是自相矛盾的。但实际上，经过认真分析，我们会发现，在引入运营和管理的概念时，图书馆不但不会产生冲突，反而会对其服务概念的实现起到一定的推动作用。在市场经济的大环境下，即使是公益性的服务，在某种意义上也具有竞争性，主要体现为服务品质之间的竞争。

但是，在这种情况下，图书馆服务管理并没有将收费服务排除在外，在积极扩大公益服务的基础上，进行一些收费服务，既是可行的，也是必要的，这就是整体服务和个性化服务的有机结合和辩证统一。然而，在实施有偿服务的过程中，图书馆一定要将公益性服务的主导地位切实树立起来，公益性服务可以通过有偿服务来进行补充，而有偿服务则以公益性服务为基础。并且，有偿服务的项目设立及收费标准，都要被完全纳入图书馆整个的服务管理系统中。

（三）形象管理

一个组织、一个机构，也有一个形象的问题。所以，在图书馆的服务管理中，形象管理是必不可少的。形象总体上可分为物质形象和精神形象两个层面。物质形象是指馆舍的风格、布局、环境、工作人员的服装，以及它们相互之间的和谐关系。精神形象指的是图书馆以服务管理为理念而建立起来的精神面貌。精神形象包含了整个图书馆的精神品格、以广告语或标志性口号为概括的精神支撑，也就是我们经常提到的企业文化。

实际上，组织机构管理、经营管理、物质资源管理、人力资源管理等的有效运作，都是整个形象管理的重要一环，其有效运作本身就是形象管理的体现。当然，形象管理还包括对形象的规划与实施，通常情况下，一个组织或一个机构中的广告和宣传部门都与这一类职能相关，图书馆也不例外。

（四）物质资源管理

就算是当今的数字图书馆，也存在着一个共同的问题，那就是对实物资源的过度依赖。图书馆的建筑和技术装备就更不用说了，就连资讯资源，在数字化的同时，也要以实物为载体。从场所、手段到内容，物质资源是实施服务理念的物质基础。毋庸置疑，没有物力支持，"服务"概念的实施将成为一种空谈。所以，对图书馆材料资源进行科学、系统的管理，就是服务管理理念最后落实的物质保障。

（五）人力资源管理

人力资源管理就是对包括管理者在内的图书馆所有员工进行管理。这其中不仅涉及设置岗位，还涵盖了对人力资源所进行的科学、系统地分配与使用。

在信息社会中，图书馆的主要功能是收集、加工、传播信息，因此它的人力资源拥有与之相适应的信息知识素质是非常重要的。虽然它并不需要所有的职员都是信息方面的专家，但是他们必须拥有一定的信息知识，并且能够在信息的收集、加工、储存和传播方面掌握一些基本的方法，没有这些能力，就很难发挥出图书馆的信息咨询作用。

（六）效果测评管理

效果测评管理不仅是一种对服务经营效果进行评价和监控的制度，更是一种对服务经营效果进行反馈的制度。若缺乏此环节，则无法显示出服务管理的价值和效率。在图书馆中，一定要建立起与之相适应的效果评测部门，它不仅是效果评测的具体实施者，而且在一定程度上，它也是图书馆服务管理效能的研究者。

三、图书馆服务管理战略的实施

在我国图书馆服务管理理念中，最重要的是管理，包括组织与机构管理、经营管理、人力资源管理、物质资源管理、形象管理等方面，它们共同组成形成一个合理化的、系统化的服务管理系统。这一大体系在各个层次上的实现，就是我们国家的图书馆在服务管理方面的战略。因为服务管理战略是由不同层次的子系统组成的，所以要实现它，需要做好下列工作。

（一）将用户需求始终摆在第一位

在服务者看来，服务对象不仅是服务的目的，还是服务的必经之路。所以，服务的提供一定要以用户的需要为依据，服务的手段都要以满足用户的需要为导向。

用户需要具体包含了两种类型，一种是确定用户需要，另一种是满足用户需要。第一种是由图书馆特别设立的调查部门作为主体，并以多渠道信息反馈作为支撑的需求感应与反馈系统。第二种是由图书馆的人力资源调配、信息传播手段、信息提供平台等相互协同的系统。

（二）提升图书馆的文化品位

作为人类文明积累的宝贵财富，图书馆不仅是人们"看书"、读书的场所，还是一种大众的社会性文化组织。因此，一个社区的图书馆即为一个社区的文化活动场所。在知识经济和互联网的背景下，图书馆传播人类文化的作用将会变得越来越重要。

（三）强化图书馆的教育服务功能

在知识、信息和服务已成为社会生产的主要因素的今天，图书馆的教育服务功能显得尤为重要。20 世纪 90 年代以后，英、日、美等经济发达的国家，都开始重视知识的普及；随着资讯科技的快速发展，人类对于资讯的认识和需要，已经上升到了一个空前的高度。

在此情况下，图书馆成了整个社会的信息枢纽，其作用日益凸显。而以服务为己任的图书馆，更是义不容辞地要向社会大众提供资讯知识。

（四）正确设计服务管理系统

图书馆服务管理策略的实施，不能盲目地进行，而要进行科学地规划。在进行服务管理战略的设计时，应该将服务管理理念作为其精髓，将服务管理需求作为其目标，对服务管理的各个子系统以及它们之间的相互嵌入嵌出进行计划，并对具体的核心服务项目系统以及与之相对应的便利服务和支持性服务系统进行设计。

其中，作为图书馆最根本的职能，它是以信息为导向的，因此，情报系统的整体设计显得尤其关键。在具体的工作过程中，应以方便用户快速有效地获取信息为目标，对图书馆的工作进行规划和设计。

（五）牢固树立服务管理的理念

思想是行为的向导，所有的图书馆工作者，包括管理者，都应该深刻地意识到，在这场"服务经济"的浪潮中，确立"服务管理"的观念，不但是浪潮汹涌的需要，更是一种文化的传播方式，显然，这也是一种不可推卸的责任，一种历史任务。所有的员工都要理性地、认真地总结过去，从思想和行动上重新构建自己，做到"我即服务"。[①]

---

① 高雄. 现代图书馆管理概论 [M]. 西安：西安地图出版社，2013：531.

第四章　现代图书馆的战略管理

现代图书馆战略管理是为了获得长期、稳定的发展，选择和确定图书馆的战略目标，培养图书馆的相关能力，并把这种规划和决策付诸实施。战略管理是有关图书馆发展方向的管理，是以社会信息需求发展为导向的管理，是面向未来的管理，是动态的管理。本章首先分析了战略管理概述的相关基础性知识，进一步探讨了图书馆战略管理的层次与条件，最后详细地论述了现代图书馆的战略管理制定与实施等相关的内容。

第一节　战略管理概述

一、战略与战略管理的含义

"战略"一词来自希腊语"strategos"，其含义是"将军指挥军队的艺术"①。在我国《辞海》中对"战略"一词的定义是："军事名词，对战争全局的筹划和指挥。它依据敌对双方的军事、政治、经济、地理等因素，照顾

---

① 赵晓燕，孙梦阳. 市场营销管理 理论与应用 第 2 版 ［M］. 北京：北京航空航天大学出版社，2014：18.

战争全局的各方面，规定军事力量的准备和运用"①。随着经济的发展，战略一词已经被广泛应用于社会、经济、文化、教育和科技等领域。概括地说，战略是指重大的、全局性的、长远性的谋划。

"战略管理"一词是 1976 年由美国学者安索夫（Ansoff）在《从战略计划走向战略管理》一书中首先提出的。战略管理的重点不是战略而是动态的管理，它是一种全新的管理思想与方式。指导企业全部活动的是企业战略，全部管理活动的重点是制定战略和实施战略。战略管理的任务就在于，通过战略制定、战略实施、监控和评价战略业绩及必要时的战略调整，实现企业的战略目标。综上所述，战略管理是确定企业使命，根据企业外部环境和内部经营要素设定企业的组织目标，保证目标的正确落实并使企业使命最终得以实现的一个动态过程。

二、战略管理的基本程序

战略管理的基本程序是从根据企业内外部环境分析制定战略开始，到评价和控制战略管理，最后又回到企业内外部环境分析的一整套贯串企业管理始终的循环过程②。

（一）制定战略

由企业高层管理者分析企业的内外部经营环境，明确企业的目标，选择企业的战略，制定企业的政策。

（二）战略实施

在明确企业战略后，就要建立一个战略实施计划，将企业战略具体化，使之在时间安排和资源分配上有所保障。要根据新战略来调整企业的组织形式、人员配备、领导方式、财务计划、生产管理制度、企业文化等各项管理

---

① 黄庆波，李焱. 跨国公司经营与管理［M］. 北京：对外经济贸易大学出版社，2016：97.
② 隋静，高樱. 管理会计学 第 2 版［M］. 北京：北京交通大学出版社，2018：261.

活动，目的是通过这些战略措施使企业战略的实施更为有效。

（三）战略评价和控制

战略实施到一定阶段，应对其执行的过程和结果及时进行评价，并将评价后所得到的信息及时、准确地反馈到企业新的战略管理的各个环节中，并加以改善。当战略实施的进度和结果与原计划有偏差时，企业管理人员应该从战略实施的计划体系、实施措施或企业的政策、战略、目标、宗旨等方面进行检查纠正。值得注意的是，如果这种偏差源于企业外部经营环境中的关键因素发生了重大或根本性的变化，而不是源于企业自身，那么企业的整个战略都要重新制定。

三、战略管理的基本层次

企业总体战略管理、经营部门战略管理及职能部门战略管理构成了一个企业的战略管理层次，它们之间相互作用、紧密联系。只有企业战略管理的各个层次相互配合、密切协调，才能增强企业的凝聚力，才能更有效地贯彻与实施企业战略。

（一）企业总体战略管理

企业总体战略管理是企业最高管理层为整个企业确定的长期目标和发展总方向。一方面，从企业全局出发，根据内外部环境选择企业所从事的经营范围和领域；另一方面，在确定所从事的业务后，玥确发展方向，并以此为基础在各经营管理部门之间进行资源分配，以实现企业整体的战略规划，这也是企业战略实施的关键所在。

（二）经营部门战略管理

经营部门战略管理包括竞争战略管理和合作战略管理，它处于战略管理的第二个层次，它把企业总体战略中规定的方向和意图具体化，是针对各项经营事业的目标和策略。

（三）职能部门战略管理

职能部门战略管理主要是确定各职能部门（如生产、市场、财会、研究与开发、人事等部门）的近期经营目标和近期经营策略。它是在高层次战略方针的指导下，规划出如何充分发挥人力、物力和财力，创造出优异的工作业绩，为实现企业总体战略目标服务。

第二节　图书馆战略管理的层次与条件分析

一、图书馆战略管理的层次

图书馆的策略有多个层次，因此，图书馆的策略管理也应从多个层次展开。图书馆的战略可以分为以下四个层次。

（一）国家图书馆事业战略

国家图书馆事业战略是图书馆工作的总体思路，是践行图书馆工作的总体方法，也是图书馆工作总体目标得以实现的先导。它是在对国家整体图书馆事业发展环境进行分析的基础上进行制定的。制定国家图书馆事业战略的目的是要保证图书馆事业发展的正确方向，并在一个特定的历史阶段，对图书馆事业发展的范围和重点进行明确，以此来为各个区域图书馆和单位图书馆的发展提供一个指导，进而让图书馆事业在社会、经济中的战略效应得以充分发挥。

（二）地区（系统）图书馆战略

我们的图书馆事业是建立在行政隶属关系基础上，按照图书馆领导体系进行组织的，因此，区域（系统）图书馆的发展策略，也就不可避免地要以国家图书馆事业战略为基础。

在国家图书馆事业战略的指引下，各地区或系统图书馆对自身的特殊性质和任务进行了分析，并与各个地区的经济、文化发展情况相结合，对进行了详细的战略规划。

（三）单位图书馆战略

在图书馆战略管理中，单位图书馆战略是最重要的一环，它发挥着承上启下的功能。一方面，单位图书馆战略是国家图书馆事业战略具体内容的延伸，将影响到图书馆事业的整体发展水平。同时，单位图书馆战略也为图书馆的发展指明了方向，并在一定程度上影响了功能层次的发展策略。

所以，通常我们所说的"图书馆的战略"就是指的这一方面。图书馆的单位图书馆战略往往是较为明确的，它是国内每一位基层图书馆的管理者制定的图书馆战略。其目标是充分发挥各特定图书馆的作用，最大限度地凸显出图书馆的社会价值，满足读者的多元化需求。

（四）图书馆职能层战略

在中小规模的图书馆中，应将其功能层次的策略和机构化的策略结合起来。图书馆职能层战略指的是为了贯彻、实施并支持单位图书馆的战略，在图书馆的职能管理方面所制定的一项战略。其目标是要对各种资源的分配进行有效地提升，使各项功能战略能够相互支持和互补，从而确保单位图书馆战略的实现。该规划是一套具体的规划，时间跨度较小，以行动为导向。

二、图书馆战略管理的条件

（一）图书馆战略管理的外部环境

1. 一般环境分析

（1）政治与法律

目前，国家正在进行的政治体制改革，使社会的运作模式发生了重大的改变，而作为一种公益事业的图书馆，也将会在这一过程中得到极大的发展，特别是在管理体制和队伍建设上，图书馆将获得更多的自治权，以更好地与社会发展相适应。另外，特定的国家与区域政策对图书馆的影响也很大。

70 年代后期，国家提出了"科教兴国"的发展战略，[①] 并将科学技术与教育放在经济社会发展的首位，在此基础上提出了新的发展思路。图书馆是一个公益性的组织，它是个人及社会群体终身学习、独立决策和文化发展的基础，它在保护人类文化遗产、利用知识信息方面起着不可替代的作用。

当前，我们国家已经正式确立了建设社会主义"和谐社会"这一历史性目标。归根结底，这有赖于市民的教育水平的提高，以及他们对知识、文化的充分交流与分享。

图书馆的历史任务，决定了其在"和谐社会"的构建中将担负着不可推卸的重任，并对其进行新的探索。科学发展观是我们在建设中国特色社会主义过程中，一定要坚持并贯彻落实的一项重大战略思路，要做到这一点，就要求我们在发展过程中，要不断地改变自己的发展模式，把自己的发展模式调整到最优。

所以，在国民经济的增长过程中，物质资源的投资已经不是最重要的因素了，信息已经成了社会经济生活的中心，而图书馆作为一个推动并保证了文献信息交流的社会组织，人们对信息的普遍关注必将为图书馆的发展提供新的机会。

近几年，伴随着国家的法治进程，有关图书馆的各项法规陆续出台。以这一点为依据，各级公共图书馆如果可以积极主动、创造性地开展政府信息服务，一定会给政府提供更多的服务，从而使图书馆具有更大的社会影响力，进而提升政府对图书馆的关注，改善图书馆的服务条件。

（2）经济

改革开放以来，我国经济获得了长足发展，但生产力水平整体上还不太

---

① 易宪容. 金融市场与制度安排 [M]. 北京：经济科学出版社，1999：102.

发达，我国最实际的国情也体现在社会经济发展不平衡上，那么这显然会成为制约图书馆发展的因素。

从全国范围来看，伴随着经济的不断发展，各级政府对图书馆的投入也在不断加大，很多省的图书馆已经建立完毕或正在新建。

但是，与欧美等先进国家相比，我们的图书馆建设仍然处在一个很低的发展阶段，存在着资金短缺、文献更新滞后、室内外设施老化、人员外流等问题。这些都是与一个国家的经济和社会的发展程度有关的。

站在人民群众的立场上来说，在很长一段时间里，图书馆的服务还很难变成广大公众的生活必需品，因此，人们对图书馆服务的需求一般都比较缺乏，这也是制约图书馆发展的一个主要因素。

另外，在我国社会主义市场经济建设和社会信息化进程中，人们越来越接受商品、经济、效益的观念，知识和信息的价值日渐从物质价值构成中独立出来，出现了信息商品化，越来越多的信息被当作商品投入市场，商业性机构不断推动政府制定有利于信息市场的政策。因此，资本对信息的经济利益的追逐对图书馆所代表的信息公益性及其长远价值产生了极大的威胁。

此外，我国的经济发展水平不平衡，也造成了图书馆事业的发展存在着巨大的地区差异。相对来说，东部沿海地区，尤其是大城市（如北京、上海、深圳等地）的图书馆发展较好，有的甚至走在了世界的前列。而中西部地区，尤其是中小城市与县城的图书馆普遍较差，有的甚至面临着闭馆的危险。但这种不平衡也不完全是消极的，至少发展较好的图书馆为现状较差的图书馆树立了榜样，并且摸索出了许多有益的发展经验。

（3）社会与文化

教育和科研是文献产生的两大来源①，在我国，随着社会的发展与科技的进步，文献量也在不断地增加。这在客观上就需要有一个相关的机构来对大量的无序文献进行整理。与此同时，随着教育和科学研究的迅速发展，社会对文献的需求也随之增加。这两者都推动了图书馆的发展。

---

① 徐建华. 现代图书馆管理［M］. 天津：南开大学出版社，2003：88.

随着知识经济的到来和学习型社会的建设，知识的社会价值空前提高，人们开始认识到信息的巨大作用，对人类知识进行组织整理、交流传递的图书馆将会在科学教育中发挥积极作用，这给图书馆的发展带来了机遇。但是，在审视图书馆发展的科学教育环境时，图书馆面临着一个严峻的现实问题，即图书馆（尤其是公共图书馆）功能的边缘化：一方面，在科学教育发展方向的政策和改革措施中，图书馆的作用很少被提及；另一方面，图书馆在社区教育中的重要作用也被忽视，这将影响政府对图书馆的资源投入。

改革开放以来，文化事业在快速发展中逐步实现转型。作为我国文化事业的组成部分，图书馆受到文化事业发展和转型的直接影响。随着文化事业的发展和转型，我国文化信息服务的提供者日益多样化，除了个体或私营的提供者，还出现了一些主要由政府培育和支持的新的文化事业增长点，形成了与图书馆竞争的政府和社会投资。

（4）技术

技术的迅猛发展作为当今时代的基本特征之一，对于图书馆事业好似一把双刃剑。自从 20 世纪中叶计算机诞生并于 50 年代应用于图书馆以来，图书馆就走上了自动化历程。计算机在我国图书馆的应用开始于 20 世纪 70 年代，最早是应用于编目领域。随着计算机技术的进一步发展，图书馆的各个领域现在都步入了自动化阶段。20 世纪 90 年代，网络技术、通信技术迅速发展，互联网走入了千家万户，使信息的快速传递有了技术和设备上的保证，图书馆合作有了真正的意义，图书馆开始步入网络化发展阶段，极大提高了图书馆的工作效率，改进了用户服务的质量。Web2.0 作为互联网发展的新阶段，网络用户从信息的接收者变为信息的制造者和传播者。Web2.0 以用户为核心，为用户提供更加人性化的服务，以个体为基础，利用群聚的个人体验来创造信息。图书馆 2.0 作为 Web2.0 在图书馆中的具体应用，是一种服务模式的变革，是一种让图书馆界能够迅速响应市场需求的运作模式。图书馆 2.0 可以使用即时信息、Blog、混搭等技术来提供服务，如通过 RSS，图书馆既可以推送用户感兴趣的信息，用户也可以订阅自己感兴趣的类别的信息。

随着互联网及相关服务的发展，互联网已经成为人们工作学习、获取信息、通信交流、休闲娱乐的手段和工具。信息技术的发展使得图书馆的中介地位削弱，社会公众日常生活和娱乐所需要的信息正在越过图书馆。我国图书馆在信息服务方面的功能和基础设施本来就比较薄弱，面对信息技术的冲击，图书馆的信息服务功能有可能更加衰弱。因此，传统图书馆的中介地位受到了挑战，如何在网络环境下提供高质量、高水准的信息服务，是图书馆面临的重大问题之一。

此外，信息技术发展还带来了"数字鸿沟"，相当部分的社会公众因缺乏信息素养和必要的上网条件而无法获得丰富的网络信息资源和服务，减小和消除"数字鸿沟"是图书馆从传统走向数字化的过程中必须正视的一个问题。

2. 产业竞争环境分析

"产业"这个词通常被用在经济学上，此处将图书馆业视为现代情报服务行业的一个分支。

（1）本产业内部的竞争关系

就图书馆而言，其行业内存在着两类竞争关系。

第一类竞争性关系是指不同的图书馆之间的竞争性，其中最突出的就是对读者的竞争，那些拥有更多的资源、更好的服务、更好的工作方法、更好的环境的图书馆显然会吸引更多的读者。其次，就是竞争资本的投资。一般而言，对于那些发展前景好，在社会上有重要影响的图书馆，政府的投资会比较多。在图书馆与图书馆之间，既存在着竞争的关系，也存在着合作的关系。例如，编制联合目录、资源共享、馆际互借、馆员合作培训等。只有开展合作，图书馆的总体功能才可以更大地发挥出来。近年来，各地相继颁布了一些鼓励开办图书馆的地方性法规，并在税费上给予一定的优惠。在政策的鼓励与引导下，近年来，我国民营图书馆得到了迅速发展，其商业化的经营与管理模式一定会给我国图书馆事业带来新的竞争力。

第二类是图书馆与其他非图书馆领域内的组织之间的竞争，例如情报所、咨询公司等。与情报所比较起来，图书馆在情报研究、信息网络等方面都稍为逊色，但是它拥有丰富的文献资源。然而，信息咨询服务机构拥有很强的竞争意识，具有经营方式灵活、积极主动等特点，将发展信息产品的主要方向放在了满足市场的需要上，向使用者提供针对性强、时效性高的实用信息。与这种类型的机构比较起来，图书馆在提供信息产品的数量和种类方面存在着很大的差距。但是，因为它们都是刚刚起步，没有足够的资料积累，所以在可信度和资料源方面都比不上图书馆。总体而言，图书馆在服务理念、信息分析和研究能力、人员知识背景等方面都有一定的不足之处。

（2）进入威胁

当一个行业出现了新的进入者，它会对已有的行业内部结构构成威胁。在我国，由于信息技术的不断进步，许多组织都积极地参与到文献信息服务中，并在一定程度上与图书馆进行竞争。

进入威胁的程度，在很大程度上是由该行业进入障碍的程度所决定的。假如，在信息服务行业中有一个很大的进入障碍，并且有一个很高的门槛，那么，其他行业中的公司就很难进入其中。因此，对图书馆来说，它所造成的进入威胁也比较小。如果信息服务行业的进入壁垒比较小，那么其他行业的公司就会很容易地进入其中。

第一个可能对图书馆造成影响的是出版商、文献索引商，以及与图书馆有一定关系的检索服务商。在传统的文献信息服务链条中，图书馆处于中心。

最近几年，伴随着网络化和数字化的发展，这些资源供应商开始直接向最终用户提供 Web 信息服务，接下来是新的产业进入者。例如互联网内容提供商、新型集成化信息服务商，凭借其资金、技术、资源以及商业化运作模式等方面的优势，与图书馆在文献信息服务领域进行竞争。除此之外，网络搜索服务商也在持续地扩大他们的服务范围，以求获得更大的市场。

（3）替代品

在此，替代品主要是指尽管并非由资讯服务组织所提供，但是其重要的功能与图书馆类似的产品。在资讯充裕的年代，有许多可供选择的藏书，若能降低其费用，提高其效能，将对图书馆产生一定的影响。

　　在很长的一段时间里，由于电视具有信息量大、服务便宜、形象生动等优点，特别是最近几年，价格的降低以及功能的提升，使它更受人欢迎。与此同时，随着电视文化的崛起，人们对书的兴趣似乎没有之前那么大了，很多人可以通过看电视节目增长知识。

　　但是，广播电视信息的有序性、选择性、针对性都很差，它的信息创作大多是从传播和报道的角度来进行的，而很少从用户的角度来进行思考，信息的获得也受到播出时间的制约，这对于用户来说是非常麻烦的。

　　所以，用户要想获得有针对性地、有深度地、有系统地获取各种信息，还需要借助信息服务组织。由于互联网的不断发展，人们对互联网的依赖性大大超过了对图书馆的依赖性。与广播电视信息进行比较，互联网信息能够充分站在用户的立场上，让用户可以自由地选择在什么时候、什么地点获取什么样的信息。

　　互联网上的信息经过在线搜索引擎的整理，拥有了良好的查索性。相对于传统的图书情报服务，网上情报的提供更加便捷，更具针对性。但是，让我们感到满意的是，互联网上的信息如此之多，这让我们意识到了整理信息的必要性。但是，因为缺少专门的人员和重要的技术经验，搜索引擎不可能对互联网上的大量信息进行整理。所以，在互联网的背景下，图书馆仍然存在着巨大的机会，关键在于我们能否意识到这一点，能否把握住这一机会。

　　同时，租书业也日益兴隆，主要迎合了读者休闲娱乐的需要，选择的图书大多为图书馆不收藏或品种、复本甚少的热门书，进书渠道广，上市快，租金也不高，生意并不清淡。相对来说，图书馆新书上架慢，拒借率高，影响读者的选择使用；图书借阅手续复杂，甚至还有各种限制。另外，电子阅读器、电子书、网络出版以及按需印刷等新技术和新产品在一定程度上也对图书馆产生了威胁。

　　（4）卖方的议价能力

　　对于图书馆来说，出版发行业是供应商，其竞争性对于图书馆来说是不容忽视的。它的竞争性主要表现在对价格的控制和对读者的争夺上。近年来出版业空前繁盛，每年新出版的图书数量急剧增长，而价格又居高不下，远远超过图书馆的经费增长速度。同时，作为图书馆各种信息资源来源的供应商，如出版发行单位、数据库开发商等，开始拓展机构用户以外的个人用户，这在某种程度上增强了自身的议价能力，对图书馆产生了威胁。供应商直接面对用户进行营销，带来信息服务业内部分工结构的变化，如超星数字图书馆、中国知网、万方数据资源系统等就向个人及团体用户推出了付费实时下载图书、期刊、论文全文的服务，造成部分图书馆用户的流失。但图书馆可以采取有效的合作和联盟，通过集团采购降低供应商的议价能力。

图书零售业正在改变传统的服务面貌以吸引读者。在经营过程中，图书零售业注重及时、高效、个性化的服务，营造书香氛围，满足读者对流行图书的需求，吸引了大量读者。

目前市场上书店林立，并开始具有图书馆化倾向。这些书店嫁接了图书馆阅览室功能，刻意营造舒适、温馨的读书氛围，注重图书的文化品位，尤其受到青年学子的青睐。图书俱乐部和书友会的兴起，以新型的服务方式拥有了大批忠实读者。俱乐部实行会员制，一般只需缴纳低额会费与象征性保证金，买书就可享受 10%~30% 价格优惠且不收邮资，还可免费获得购书目录，有的还特设专家导读系统，设立图书阅览室，甚至还有包退换新书和回收旧书的服务。这种宽松的组织结构、活络的经营手法与周到的服务作风将图书销售推上了一个新的台阶。因此，图书馆的读者增长量远比上不书店。

（5）买方的议价能力

对于企业来说，买方指的是购买企业商品的顾客；对于图书馆来说，买方指的就是图书馆的用户，因为正是他们在利用图书馆的信息产品和信息服务。读者可以选择图书馆作为自己的信息来源，也可以选择其他方式获取信息。读者选择能力的大小就是读者的议价能力。

读者议价能力的高低可以从以下几个方面考虑：第一，用户的服务意识不断加强，对图书馆的要求和期望不断增加，要求图书馆提供更加多样化、个性化、专业化的产品和服务，若图书馆的服务不能满足读者的需要，用户就可能选择放弃；第二，读者的选择范围，如果读者只有图书馆一种选择，那么读者的议价能力就很低，然而读者的选择是多种多样的，广播媒介、网络等都可以为读者提供大量及时生动的信息；第三，读者的购买力，随着人们收入的增加，读者的购买力不断提高，因此当人们喜欢或需要某一本书时，很多人更愿意选择购买而不是去图书馆；第四，读者的价格敏感度，如果读者不在乎价格的高低，那么图书馆的服务收费就不会影响到读者对图书馆的利用，但是，我国的广大读者对图书馆收费还不能完全接受，很多图书馆正是由于几十元甚至上百元的借阅（办证）费用，使得读者望而却步。

（二）图书馆战略管理的内部条件

1. 图书馆的优势分析

（1）图书馆的公益性

图书馆是一家以公益为目的的公共文化组织，它是一种保障社会信息公正的体系①。它给社会所有成员提供了一个可以免费获得知识与信息的平等的权利，这是实现社会民主与公平的根本保证，也是社会所有成员提升自身创新能力的最佳平台。这就是图书馆与其他情报组织不同的本质特征，也是它在推动"和谐社会"建设过程中比其他情报组织具有的本质优势。

（2）丰富的文献信息资源

保护文化遗产是图书馆的一项社会功能②。在经历了几十年的发展和积累之后，图书馆的文献信息资源已经从单纯的印刷型向缩微型、电子型等多种介质同时存在的方向发展，从而构成了一个全面、多功能的信息保障体系，并以新的资源优势为社会提供更多的服务。除此之外，现代信息技术让图书馆的信息资源得到了进一步的丰富。

（3）系统化的信息组织开发体系

图书馆具有较为成熟的信息分类、组织、检索等技术，结合现代的计算机检索、超文本链接及多媒体检索等新兴信息技术，图书馆可以有效地采集、组织、管理和传播信息，建立学科信息门户、网络信息导航库、网络专

---

① 罗曼，陈定权，唐琼，等. 图书馆质量管理体系研究 ［M］. 成都：西南交通大学出版社，2009：8.

② 李松妹. 现代图书馆管理概论 ［M］. 北京：北京图书馆出版社，2007：54.

业信息指南系统等，在未来的信息社会中发挥更大的作用。

（4）人力资源优势

图书馆拥有一支稳定的、庞大的、具有信息开发能力的工作人员队伍，他们拥有丰富的工作经验、扎实的专业基础知识和精良的业务技能，为图书馆的发展做出了不可磨灭的贡献。

（5）设备优势

近年来，图书馆的自动化建设已取得了一定成绩，各图书馆一般都配有基本的信息处理设备，发展较好的图书馆已实现了各个工作环节的自动化，数字图书馆、图书馆网络也正在建设之中。此外，大型图书馆还能获得强有力的国家资助去引进各类先进的信息技术设备。

2. 图书馆的劣势分析

（1）制度落后

传统的体制与运作方式同现代的快速、准确传递各种信息的要求格格不入，无法满足读者的多种需求，无法适应各种信息机构的竞争。同时，传统的封闭管理模式使图书馆缺乏竞争意识，缺乏现代营销理念，尚未真正树立"以用户为中心"的理念，使图书馆不能树立良好的社会形象，图书馆的工作得不到应有的重视。

（2）文献资源老化

文献入藏量减少，库存的文献资料存在严重的过时老化现象，这种状况远远不能满足日新月异、急剧变化的读者需要，这将导致图书馆的作用、价值逐步降低。

（3）信息服务水平与层次低

开展网络信息服务和知识服务日益成为图书馆服务的重心。然而从目前的情况看，我国图书馆对信息技术的利用效率低下，大多数图书馆只能通过查询系统向用户提供远程书目数据检索服务，不能提供完全的网络化信息存取服务。图书馆的服务内容和水平基本上停留在文献服务层次，还未真正涉及深层次的知识服务和个性化服务，远远不能满足用户的信息需求。

（4）人才流失

图书馆馆员的传统学科知识和业务技能已难以适应现代化发展的需要。由于工作条件和待遇无法与社会上其他机构相比，图书馆新鲜血液补充不足，图书馆馆员队伍不稳定，干部队伍素质偏低。

（5）经费不足

图书馆是社会公益性事业单位，自身没有经济"造血"功能，图书馆的运营依赖于政府财政支持。然而图书馆在社会上发挥的作用得不到社会公众的理解和支持，也难以得到政府的重视，导致政府对图书馆的投入不足，部分图书馆入不敷出。

3. 发挥图书馆优势的策略

按照战略管理理论，内部环境分析分为三个层次：第一个层次是分析产品市场关系，对于图书馆来说，就是分析图书馆的信息产品和信息服务，例如，它们是面对哪些读者开展的，与其他信息机构相比具有什么优势，是否能够吸引用户；第二个层次是分析组织的价值链，对于图书馆来说，就是分析图书馆的活动结构，分析图书馆的每一项活动对用户创造价值的大小和每一项活动的成本；第三个层次是分析图书馆的资源和能力，尤其要分析图书馆的战略资源和核心竞争力。

（1）图书馆是一项公益事业，它面对社会的所有成员开放。对于不同的图书馆来说，面向的人群有所不同，但图书馆的基本性质是一致的。与任何一个信息机构相比，图书馆的公益性都具有最大的优势，因为没有任何一个信息机构可以容纳社会所有成员的基本信息需求。但由于大多数图书馆对于自身的作用认识不足，或者说做得还不够好，还远远不能满足社会公众基本的信息需求。长期以来，大多数图书馆都没有充分发挥自己的社会价值，不清楚应面对哪些用户服务，不清楚用户的信息需求，服务的内容总是"老一套"。显然，对图书馆来说，真正重视用户，树立用户第一的观念，绝不应该仅仅是一句口号。

（2）图书馆的活动结构，也就是图书馆的业务工作和辅助工作。业务工作主要包括文献资源的采购、分类、编目、索引、参考咨询、借阅等工作；

辅助工作主要指行政管理、财务管理、后勤管理、人力资源管理等。图书馆传统的活动结构都是从自己方便的角度出发来建立组织模式的，怎样处理文献方便就采取怎样的工作流程，很少考虑到用户的需求，其结果是用户在图书馆借阅相关文献时，往往要跑好几个地方，且借阅手续烦琐，等待时间长，还常常碰到拒借现象。检索信息时，用户也常常会遇上麻烦，找了很长时间却找不到所需的文献。因而图书馆应从用户的角度出发构建组织机构，重组业务流程，减少不必要的手续，提高工作效率，保留对用户有价值的工作流程，改造或合并、取消对用户价值小的业务流程。

（3）对于传统图书馆来说，文献信息资源是图书馆的战略资源，信息技术应用能力是图书馆的核心竞争力，而在现代信息社会的条件下，图书馆的战资源和核心竞争力都受到了挑战。

一般图书馆的大多数信息资源都是印刷型的，而磁介质存储技术、光盘存储技术和网络通信技术的发展，改变了文献的存在形式，图书馆以往的资源体系已无法适应读者新的信息需求。因此，发展印刷型、声像型、电子型、网络型等全方位、多功能的信息保障体系对图书馆来说至关重要。然而，当今图书馆经费的普遍不足又限制了图书馆的资源采购，解决的办法之一是积极开展图书馆合作，各馆联合采购，减少重复采购的数量，并争取利用联合优势迫使出版社给予图书馆一定的优惠，建立特色馆藏，合理使用经费，发展图书馆联盟，实现资源共享。图书馆可以通过特色馆藏的建设、网络信息资源的充分利用和馆间互通有无，建立新的战略资源。

（三）图书馆战略管理的核心竞争力

核心竞争力是竞争优势的源泉，图书馆的战略管理必然离不开核心竞争力的构建。下面我们在首先探讨核心竞争力的基础上，结合图书馆外部环境和内部条件的分析提出图书馆的核心竞争力。

1. 核心竞争力

战略管理强调建立组织的竞争优势，而"核心竞争力是竞争优势的源泉"这一观点已被大多数人所接受。由于战略管理学派众多，各有所长，因此对核心竞争力的界定也不尽相同。从早期的资源观、战略资产观，到后期的技术能力观、组织能力观、应变能力观、核心能力观，经过了一个渐进的认识过程。虽然对组织的核心竞争力还无法做出一个统一的界定，但我们仍可以通过以下的描述，对其进行大略地概括。

（1）核心竞争力不等于组织拥有的资源。一个组织竞争力的大小不在于它拥有什么，而在于它利用所拥有的东西能够做什么，是否能够最大限度地发挥资源的效用。

（2）核心竞争力应是相互关联的知识、技能、能力的集合体。物质资源在信息社会中的经济地位已经逐渐让位给智力资源，同一单位产出中，智力资源所占的比重越来越大。

（3）核心竞争力是组织的基本价值所在，它应该融于组织管理系统和组织文化价值之中。现代组织必须认识到组织文化的巨大作用，只有拥有良好的工作氛围，才能将组织中的员工有效地组合和调动起来，形成强大的动力。

（4）核心竞争力应具有良好的辐射性，能够广泛地应用于组织的各项活动中。

（5）核心竞争力要具有良好的适应性，能够随外部环境不断变化。

（6）核心竞争力应该使别人难以模仿。

（7）核心竞争力能够为用户创造较大的价值，在价值链中发挥巨大的作用。

2. 图书馆的核心竞争力

从现有的研究成果来看，国内理论界对图书馆核心竞争力的研究和理解呈现出百家争鸣、百花齐放的局面，对图书馆核心竞争力的研究和理解可以概括为以下几种主流观点。

（1）社会制度观

从社会制度的角度理解图书馆的核心竞争力，它是保障知识自由的一种社会制度，简称为社会制度观。

（2）系统整合观

从系统角度理解图书馆的核心竞争力，其是技术、技能、管理、经营、组织和文化的有机整合，简称为系统整合观。

（3）知识服务观

从服务角度理解图书馆的核心竞争力得出，知识服务是图书馆的核心竞争力，简称为知识服务观。图书馆的核心竞争力是专业化、个性化的知识服务。

（4）社会功能观

从功能角度理解图书馆的核心能力，信息资源的集藏与整序能力是图书馆的核心竞争力也是图书馆的核心能力。综合有关图书馆核心竞争力研究，这一概念可以从以下几个方面来理解：

①在其漫长的发展历程中，图书馆的核心竞争力已经成为一种内在素质。图书馆的核心能力也是一种"累积知识"，不经过长时间的努力，是难以形成自身的核心能力的。

②图书馆的核心能力是它与其他图书馆不同的显著特点，它应当是独一无二的，这样才能让它在竞争中保持自己的优势，不容易被竞争对手复制。因而，图书馆在竞争中脱颖而出的一个重要因素就是核心能力。

③图书馆的核心竞争力指的是以图书馆的资源为基础的一种能力，而资源本身并不是其核心竞争力。一般来说，任何地方都有竞争，就会有资源的占有和分配问题，而图书馆的核心竞争力也是建立在对各种资源的获取、开发和整合能力上的。

④现代图书馆在发展过程中，要获得持久的竞争优势，必须建立在核心能力基础上。如果没有竞争，企业的核心能力就很难形成。如企业一样，图书馆要想在激烈的市场竞争中获得持续的发展，就必须培养核心能力。

⑤图书馆的核心竞争力是指在其他方面具有核心和优势的一种能力。

第三节　现代图书馆的战略管理制定与实施

一、现代图书馆的战略管理制定

(一)　确定现代图书馆的使命

现代图书馆的任务是指它所应担负的社会功能。长期以来，人们对图书馆的作用已有了一定的了解，人们一般认为图书馆的作用是推动社会信息交流，保护文化遗产。

在信息时代，图书馆除了要承担上述的社会功能外，还要承担更加重要的社会功能。现代图书馆是一项公共服务，必须坚守其公共服务属性，满足大众的基本信息需要，努力弥合"信息差距"。推动社会信息交流是图书馆的一个基本功能，在信息社会中，现代图书馆更应该采用多种方式来提升自己对信息的利用水平。

(二)　现代图书馆在信息社会中的定位

为了在这个信息化的时代里取得更大的进步，为了更好地发挥自身的社会价值，为了更好地为人们所认识，图书馆就需要为人们提供优质的信息服务。现代图书馆管理应区别于传统的图书馆管理理念，应该主动、积极地参与到社会、经济和政治的建设中去。

要强调的是，直接支持并不等同于将利润作为目标，而是要以自己的任务为基础，保证广大社会公众的基本信息需求，推动社会的信息化进程，从而为社会提供信息服务。

首先，对于图书馆而言，其要以方便和公益的形式，为最广大的读者提供最多的服务；其次，要开展经济研究，为经济建设提供信息咨询服务，培养人才；第三，现代图书馆必须为科学研究服务，对科学研究课题进行追踪，根据研究课题的发展状况，为科学研究提供相关的科学研究信息服务，比如编写研究论文、进行文献检索；最后，现代图书馆要为政府提供更多的服务，满足政府在制定政策时对信息的需要。

现代图书馆是一种公益事业，在发展过程中，不存在与其他社会情报组织的完全竞争，而是要为其他情报组织提供最基本的情报保证；而现代图书馆的读者和社会情报组织的读者之间又存在着互补性，他们对情报的需要也存在着差异。现代图书馆注重的是对大众的基础服务项目的开展，而社会信息服务机构注重的是对特定的信息需要的满足。

（三）现代图书馆的宏观发展方向

现代图书馆的宏观发展方向是图书馆协作网络。网络化是信息化和信息资源共享的物质基础，也是现代图书馆发展的必由之路。我们要结合我国国情和本行业的实情来建设和发展我们自己的图书馆网络，建立起层级性的资源管理协调系统，制定各类信息资源的开发重点、布局方式，按照地区和学科特点，规划不同级别信息节点的资源建设工作，以减少重复、提高效率。

（四）现代图书馆的微观发展方向

从微观角度看，现代图书馆将向复合型图书馆发展。随着互联网技术的不断发展，人们对信息的交流也越来越便捷，未来的图书馆将成为一个虚拟的图书馆，不再需要实体的图书馆；但是，在现实生活中，它们并不是相互取代的，它们是相互依赖和促进的。

可以看出，现代图书馆是基于传统的图书馆而构建的。而随着互联网技术的不断发展，传统的图书馆也面临着新的发展机会。复合型图书馆在传承传统文献的同时，还应建立以印刷、音频、电子和网络为主体的全方位多功能的信息保障系统。它不仅继承了传统图书馆的比较成熟的信息分类及多媒体检索等新兴信息技术，在进行基本的借阅服务的同时，还对网络导航等新的服务领域和服务方式进行了拓展。所以，复合型图书馆是图书馆今后的发展趋势，其建设将使图书馆能够更好地为社会提供服务。

二、现代图书馆的战略管理实施

复合型图书馆是一种打破传统观念的新型图书馆，① 其实施要求各种类型的图书馆在各个层面上共同努力。无论是在宏观管理、文献资源建设、组织结构，还是领导风格，复合图书馆与以前的图书馆都有很大的不同。

（一）复合型图书馆的宏观管理

今后，我国图书馆将大力开展馆际协作，以达到资源共享的目的。各图书馆应加强相互间的协调，并应从国家层面进行宏观调控；但是，与过去的宏观调控方式相比，现在的国家宏观调控更多的是强调"统筹"和"服务"。

为了推动现代图书馆的网络化发展，国家可以设立一个特别的图书馆合作网络建设管理委员会，对现代图书馆合作网络化的规划、组织、协调、监督和管理工作进行全面的管理。

政府可以着力打造一批分工明确，具有鲜明国家特点的大型电子信息资源中心，对适合的技术进行慎重选择，对网络应用软件进行积极开发，并持续推动其更新，使之与国际信息网络相结合。只要政府给予足够的关注，就能确保现代图书馆合作网络化建设的良性发展，从而防止出现各自为政的情况。

（二）复合型图书馆的业务流程

传统图书馆的工作过程是以图书馆的工作为基础，按专业划分的原则，将各专业工作划分为各个科室。一部图书从进馆藏到面世，要经过采购、查重、编目等数十个过程，每个过程都被划分成一个独立的科室，各科室很难配合，工作效率也很低，很耗时间。复合图书馆将充分运用现代信息技术，

---

① 中国农业科学院农业信息研究所. 农业信息技术与信息管理 2005 ［M］. 北京：中国农业出版社，2006：158.

从而提升工作的效率，节约时间。

而传统的图书馆，由于其业务过程的滞后，使得利用现代信息技术的效率大大下降，计算机和网络常常成为一种装饰品，或是只能起到很小的作用。所以，构建复合型图书馆，就要求对传统图书馆的工作过程进行重构，精简不必要的工作环节，把分散的工作过程进行整合。

例如，将原来的以部门为组织形式改为以工作小组为基本单元，每一小组全权负责一个主题之下的文献采购、分类、编目等工作，从而减少了部门之间的摩擦。使用信息网络来进行信息的传输，能够避免产生重复信息，从而提升工作效率。

（三）复合型图书馆的组织结构

传统的图书馆机构都是按照不同的功能和不同的层次进行分类，构成了一个金字塔型的机构。复合型图书馆坚持"以人为本"进行组织架构设计。在实施了 BPR 以后，图书馆的组织层级降低，走向了扁平化。组织层级的减少与决策层级下移之间始终存在着密切的关系。当决策层级下移时，管理人员的传统职能会被削弱，管理人员的人数也会随之降低，最后管理层级必然会降低，真正将集权与分权进行了有机的结合，从而使现代图书馆的整体管理更加合理。

（四）复合型图书馆的文献资源建设

"复合型图书馆"的概念应进一步深化和拓展到"信息资源"的概念。通过图书馆间的互借，可以实现资源的共享，将有限的资金用于采购传统的、有价值的、有实用价值的纸质图书、期刊等；充分发挥网络信息优势，建立网络图书馆，强化网络期刊的定购和管理；重视新型媒体文献的入藏工作。要加强各类数据库的建设，对纸质图书进行选择性的电子化，并在此基础上加大图书馆间的合作力度，强化全国范围内的文献资源保障系统。

（五）复合型图书馆的人力资源管理

复合型图书馆对图书馆员的素质提出了更高的要求，他们不但要具备图书馆学、情报学及其他专业的知识，还要具备对数据库进行管理的能力，在网络环境下的信息搜集、处理能力，同时还要具备信息检索工具的生成能力。

与此同时，在进行了业务流程重组之后，复合型图书馆已经不是一个人只能从事一项工作，而是有可能由一个馆员来参与全部的业务过程，每个员工都将获得更多的自主性。所以，复合型图书馆的人力资源管理和以前有了很大的不同。以前的工作人员，只需要接受一些简单的训练，就能完成一些特殊的任务，但随着工作的发展，简单的训练已经不够了，他们必须接受更多的训练。员工们不但应该能够胜任繁重的任务，还应该具有成熟的判断能力，能够根据自己的职责做出不同的决策。

在一个复合型图书馆中，员工薪酬的确定以对图书馆做出的贡献为基础[1]，并以其实际表现为依据。以前，图书馆人员的晋升，主要是对过去一段时期内的工作表现进行表彰，并给予一定的奖励；但在这个时代，升职是看个人的实力。

图书馆在招聘工作人员的时候，如果只看工作人员的学历及技能一类的内容已经远远不够了，还需要看应聘人员的性格，看他们是否能够自觉地工作，是否能够自律。从当前图书馆所面临的人员流失的现实状况来看，现代复合图书馆要采用一种特别的方法，来提高组织的吸引力，从而留住优秀的人才。

（六）复合型图书馆的领导

复合型图书馆的领导，不再是那种高高在上，为他人设计在什么时候做什么事，甚至是如何做的人，也不再是不顾实际情况，只求达到某种数字的要求的人，而是以监督、记为主要职责。复合型图书馆的领导者要发挥引领和促进的作用，要充当图书馆工作的向导。除此之外，在领导的方法和手段上，也有了一些改变，不再单纯地依赖于行政命令，而要进行具体问题的分析。

---

① 王一犀. 图书馆馆长工作实用百科 中 ［M］. 长春：银声音像出版社，2004：700.

（七）复合型图书馆的组织文化

组织文化指的是一个组织的指导思想。复合型图书馆的建立，是一次对传统图书馆进行巨大变革的过程，而这一过程的顺利进行，离不开图书馆工作人员的共同努力。一个组织的文化是一个组织中所有人共同拥有的价值观念。一座图书馆，如果自己拥有一种强烈的文化特质，就能激发工作人员的工作热情，为构建复合型图书馆提供动力。

同时，建立良好的组织文化有利于树立图书馆的健康形象，引起领导重视，争取社会的支持与合作，吸引更多的读者和用户。图书馆旧的组织文化有可能阻碍现代图书馆的改革，阻碍复合图书馆的建设，因此，现代图书馆必须吸收新的文化，树立新的形象。

第五章　泛在知识环境下现代图书馆的服务创新

　　泛在知识环境已经成为图书馆，尤其是数字图书馆未来发展的目标定位和必然趋势。泛在知识环境发展目标的确立，表明数字图书馆将成为国家知识基础设施的重要组成部分，将全面改变世界教育、科学研究和学术活动，并对全球信息化进程产生更大的影响。泛在知识环境下的现代图书馆，利用硬件和软件等现代化信息资源及技术，达到传统图书馆资源虚拟化、服务模式多样化的目的。其服务模式和工作内容的转变，都更好地体现出图书馆是一个有机体。本章将简要介绍泛在知识环境的有关内容，并分析现代图书馆服务模式的创新特点。

第一节　泛在知识环境概述

一、泛在知识环境的缘起

　　20 世纪 90 年代以前，图书馆在人类知识传承中始终发挥着主渠道的作用，但随着电子图书馆的出现，图书馆的内涵与外延发生了剧变，信息资源建设开始呈数字化、网络化态势发展，并由此推动了图书馆管理与服务方式的革新和完善。进入 21 世纪后，信息技术的发展使信息领域发生重大变化，人们逐渐认识到谁掌握了信息，谁就掌握了优先发展权。互联网作为一种交互性的新媒体，成为推动社会变革的一支重要力量。网络信息的丰富多样性和获取的便利性促使世界各国对网上信息的有序组织越来越重视，吸引许多图书馆通过网络进行信息资源建设。由此，数字图书馆应运而生。数字图书馆也成为国际高科技竞争中新的制高点和国家信息基础设施的重要组成部分。数字图书馆促进了图书馆管理的电子化、信息资源建设数字化、资源共享和图书馆服务思想的提升，图书馆联盟、大图书馆理念正在形成。

然而，数字图书馆经过几十年的发展也逐渐显露出其难以克服的问题，比如信息资源质量的优劣、数字信息的知识产权的处理、网络的传输速度等问题，数字图书馆的发展进入瓶颈状态。2003 年，美国科学基金会（NSF）召开"后数字图书馆的未来"，又称"泛在知识环境"研讨会。研讨会总结了数字图书馆发展 10 年来的成绩和问题，发布了《知识在信息中迷失》（Knowledge Lost In Information）的研究报告。明确了构建"泛在知识环境"（Ubiquitous Knowledge Environments）的 7 个总体目标：个人知识的无所不在存取；从非结构化信息中抽取信息——信息自组织和知识生成；信息的自然交流——知识社会化；用询问式学习方式改革教育；知识生命周期；扩大知识基础结构；知识的个人组织。强调建立一个多语言、多媒体、移动的、语义的数字图书馆知识网来检索人类知识，要以前所未有的规模和速度来推动知识进步。[①] 自此正式进入泛在知识环境下的图书馆多元化发展时期。

技术的更新换代促使互联网迅速普及，为泛在知识环境的形成提供了技术条件。网络资源量呈几何级数增长为信息和知识的获取提供了更为广阔的空间，而网络电子出版物的出现和发展则为信息和知识的存取提供了便捷和高效的途径，更为泛在知识环境的形成提供了必要的物质准备。

就用户而言，用户越来越注重信息和知识获取的自主性和创造性，因此，用户需求的变化亦是构建泛在知识环境的潜在动力。通过以上图书馆发展历程的简述可以看出：从传统图书馆到电子图书馆，到数字图书馆，再到

---

① 常唯，孟连生. 浅析美国数字图书馆研究与建设的历程与趋势 [J]. 数字图书馆论坛，2006 (6).

后数字图书馆及泛在知识环境，每一阶段都是建立在上一阶段的基础之上而发展的，没有传统图书馆的积累和铺垫，就没有数字图书馆，更不可能有泛在知识环境的提出。

二、泛在知识环境的含义

"泛在"（Ubiquitous）源自拉丁语，意为"普遍存在""无所不在"，"泛在网络"（Ubiquitous Network）也由此延伸而来。泛在知识环境（Ubiquitous knowledge Environments）是指由软硬件设施、网络、信息资源与人等有机组成的新一代主要实现知识计算、通信与存储的科技知识基础结构，是一个使人、数据、信息、工具、设备等资源能够更为完全彻底地发挥作用的有机动态系统与知识环境，是未来知识型社会的一种综合的全面的数字化信息基础设施，是建立在"泛在网络"基础上的一个多语言、多媒体、移动的、语义的网络环境。① 在国内有学者也把它译为"普存在的知识环境"。这个概念也是随着数字图书馆的兴起和发展才逐渐产生并且被人们广泛认识的，实际上它是一种比较新颖的智能环境，它的运行需要依托很多先进的信息技术手段，其中比较典型的就是 Web3.0 以及运用广泛的智能技术，从而在这些技术的辅助之下构建一种全新的智能环境，这种智能环境可以为人们提供很多便利的条件，同时使人们可以最大程度地利用各种资源，提升资源的利用效率。此外，我们需要明确的是，在这种智能环境中，人们可以进行互动，这也使图书馆的服务变得更加灵活。由此我们可以看到，在泛在环境之下的图书馆实际上就是一种泛在化的图书馆，它其实就是指图书馆无处不在，人们随时都可以看到和使用的图书馆。换句话说，在泛在图书馆的帮助之下，图书馆的用户就可以在任意的时间以及任意的地点等获得图书馆中有用的图书资源了，能够为用户的工作、生活以及学习等提供便利，这样就可以使人们对图书馆的运用突破时间以及空间的限制了，这将会大大地提升图书馆的使用效率，也能够发挥这些图书馆资源的价值。从本质的层面进行分析，图

---

① 胡海波. 泛在网络环境下的政府信息服务 [J]. 情报资料工作，2011（3）.

书馆服务的泛在化就是指图书馆的服务真真切切地以用户的实际需求为中心，从而为读者提供全方位的服务，使读者可以突破时空的限制来使用图书馆所提供的服务。

三、泛在知识环境的特征

（一）基础设施的多维化

泛在知识环境的实现有赖于先进的信息技术手段以及一些优化的基础设施，这样才可以逐步地构建一个高效率的信息平台，为人们的使用奠定基础。

（二）知识信息的泛在化

泛在知识环境为用户的资源运用提供了很多有利的环境，在其辅助之下，用户就可以不受时间以及空间的限制来广泛地运用信息资源了，用户只需要简单的设备以及网络等就可以实现这一目的。

（三）服务能力的智能化

泛在知识环境的特点十分显著，它的信息资源十分丰富，同时它具有较强的语言感知能力以及资料分析能力，这样就可以使用户十分轻松地获得需要的文献以及图书资源等，并且对这些资源进行高效的运用。

（四）用户需求的中心化

泛在知识环境其实更加重视用户的使用感受以及使用体验等，从而从用户的实际需求以及实际感受出发来满足用户的各项需要。此外，不同的用户具有不同的个性以及需求，泛在知识环境还能够为不同的用户提供具有针对性的个性化服务，真正地做到以用户为中心。

（五）社交交流的交互化

泛在知识环境是一个开放的信息交流大平台，人们可以同步或异步相互进行交流，呈现出紧密的交互特征，从而促进信息资源的交流与利用。

（六）信息构成的多态化

海量的大数字流、信息资源构成和存储的复杂性、虚拟和实体资源的共生，使得泛在信息环境中的信息构成呈现复杂而多态的特征，也给用户的信息获取、图书馆信息体系的构建带来了一定的困难。

第二节　泛在知识环境下数字图书馆阅读社区的构建

一、泛在知识环境下数字图书馆阅读社区的构建内容

（一）数字图书馆阅读社区构建的理论依据

第一，基于知识链理论。美国学者霍尔斯和辛格提出了一个系统的知识链模型概念，该知识链模型由主要活动功能和辅助活动功能两部分组成。主要活动功能又由五个阶段组成：知识获得、知识选择、知识生成、知识内化、知识外化；辅助活动功能由四个层次组成：领导、合作、控制、测量，即知识链的五阶段四层次结构。该知识链模型表明了知识链的"产出"是各个阶段的知识"学习"活动的结果。

第二，信息行为学理论。信息行为是指主体为了满足某一特定的信息需求，在外部作用刺激下表现出的获取、查询、交流、传播、吸收、加工和利用信息的行为。不仅包括主体有目的、有意识的主观行为，还包括了主体在无意识、被动状态下受信息流影响的行为。阅读社区的构建不仅能够促进读

者个人内部知识消化吸收，还会运用外部因素去熏陶、引领读者阅读。①

第三，认知负荷理论。知识认知负荷是表示处理具体任务时加在学习者认知系统上的负荷的多维结构。这个结构由反映任务与学习者特征之间交互的原因维度和反映心理负荷、心理努力和绩效等可测性概念的评估维度所组成。阅读社区构建要注意读者心理负荷承受力，用生动有趣的方式让读者产生阅读的意愿并持续阅读。

第四，知识势能理论。知识势能是指不同的主体因为学科背景、学习理解力、知识积累程度不同，造成的差异。借助物理学中物体由于某一个位置而必然具有一定的势能的理论，可认为，集群环境下进行阅读活动的人员共同组成一个知识场，处于其中的每个人成为一个知识主体，知识势能高的主体向知识势能低的主体转移知识。

（二）数字图书馆阅读社区的内容

数字图书馆阅读社区包含资源、功能、网站和移动平台、服务模式、人员五个方面的内容，据此我们提出了五位一体的结构模型。该模型即为泛在知识环境下的数字图书馆阅读社区结构模型。简称 RC 模型。整个模型被淡蓝色的云笼罩，代表泛在知识环境的大背景，给阅读社区提供了无所不在的服务。读者处于模型的最中央位置，代表数字图书馆阅读社区的构建出发点是以读者为中心的。由资源、功能、服务、网站及移动平台、人员这五大要素环绕支撑。五个花瓣状要素跨越在两个圆圈之上，两个圆圈分别代表物理层和虚拟层，表明这五要素分布、运用于虚拟层和物理层中，两个层次间有"曲别针"，揭示了虚拟层和物理层不是孤立、绝缘的关系，而是线上线下紧密联系、积极互动的关系，存在物质、能量和信息的交换。

（三）数字图书馆阅读社区的构建目标：泛在服务

数字图书馆阅读社区构建的目标其实十分明确，那就是为广大的用户提

① 单传花. 公共图书馆推进和引导网络阅读探析 [J]. 黑龙江史志，2012（3）.

供泛在服务，其具体包含如下几个层面的内容：

第一，泛在性。泛在性就意味着数字图书馆可以为用户提供高效的资源运用途径，使用户的资源获取突破时空的限制等，从而使图书馆可以为用户提供更加优质且多样化的服务，并且可以逐步地促使人们养成良好的阅读习惯，这对于用户的长远发展而言具有重要的现实意义。

第二，立体性。立体性就是指数字图书馆一定要能够充分地利用各项有限的资源，从而为用户创设更好的图书服务以及环境，从而尽可能地满足用户的实际需求。

第三，互动性。互动性就是指数字图书馆一定要建立一些有用的平台，从而使用户和数字图书馆的工作人员进行及时地沟通和交流，这样工作人员才可以及时地帮助用户并且为用户解决很多实际的问题，这也能够增强用户对数字图书馆的好感。

第四，相融性。相融性就是指数字图书馆的管理人员以及工作人员等都要能够深入地接触和了解用户的需求以及用户的烦恼等，从而为用户提供及时且有效的服务，这样也能够让用户感受到数字图书馆的积极作用，增强用户的黏性。

（四）数字图书馆阅读社区的作用

1. 泛在的获取帮助

获取帮助具体就是指读者或者用户在努力地寻找自己需要的信息资源的过程中阅读社区会为读者提供的获取帮助以及服务。这种及时的服务一般体现在如下两个层面：第一个就是资源层面的帮助，第二个就是功能层面的帮助。从阅读资源的层面进行分析，其能够为读者提供融合和整合的资源，便于读者对资源进行高效系统的检索。从阅读功能的层面进行分析，其能够为读者提供阅读资源的定位查找服务，这种定位的功能可以提升读者的检索效率，为其节约较多的检索时间。

2. 泛在的判断筛选帮助

判断筛选帮助具体就是指在读者对各种各样的信息进行选择、筛选的过程中通过的一定的有效帮助，这样可以辅助读者进行判断和筛选资料，这会使读者的筛选变得更加客观，并且能够为用户节省不少的时间。

3. 泛在的分析评价帮助

分析评价帮助具体就是指阅读社区为读者提供具体的泛在分析评价服务，这样可以方便读者对各种各样的信息进行更好地分析和判断，从而做出最有利的决定。我们需要明确的是，分析信息以及评价信息这二者并不是两个完全独立的过程，二者之间具有紧密的联系，因而读者要更好地把握该过程，并且有效地运用数字图书馆提供的泛在服务。

二、泛在知识环境下数图书馆阅读社区的构建路径

（一）借鉴慕课平台实现资源层面的构建

数字图书馆阅读社区往往资源内容十分丰富，它的资源种类和数量都具有显著的优势，这主要是因为数字图书馆的阅读社区背后依靠的就是数字图书馆，其不仅具有大量的实体图书馆的文献资源和图书资源，还具有大量的数字化的资源，因而其资源是可以尽量地满足用户的多样化的需求。然而我们需要强调的是，这些数量和种类繁杂的数字资源的格式并不是完全一致的，它们往往包含很多种不同的格式。例如，对于数字化的文档而言，其常见的格式就是 PDF、CAJ、CEB 等格式，这些不同格式保存的资源的特点不同，其用途也会存在一定的差异。此外，数字图书馆中往往还会保存大量的音频资源以及视频资源等，这些资源的格式也不尽相同，这需要用户在使用的时候进行分析和判断，从而选择适合自己的文件内容以及文件格式。我们需要明确的是，数字图书馆的数字资源格式不同的根本原因就是这些资源往往是由不同的生产厂家来提供的，因而其格式等可能会存在差异。此外，在数字图书馆的阅读社区里面本身就会生成许多的原生资源，这些原生资源的内容很多，种类也很多，其和读者有较大的关系，如读者的阅读进度以及总结等。为了更好地发挥其作用，必须将异构的资源进行高效的整合，以增强其操作性。

众所周知，慕课是一种新兴的教学形式，它的意思就是大规模的开放性课程，这种新兴的教学形式的优点很多，因而这种教学模式也受到了很多地区学校的青睐，并且被很多学习者接受。

在具体的实践中，图书馆的工作人员也可以把慕课平台应用到数字图书馆中，从而构建一个基于慕课平台的数字图书馆阅读社区平台。该平台可以为读者提供更多优质的服务，它通常包含如下三个不同的资源层面，其中第一个就是表示层，第二个就是业务逻辑层，第三个就是数据访问层。具体分析而言，表示层往往具有较强的兼容性，它不仅能够兼容电脑等，还能够兼容一些浏览器的插件等，这样就会为读者提供很多便利条件，方便读者随时随地地访问各种图书馆的资源等，为读者提供个性化的阅读服务。总而言之，这种操作会为读者的阅读提供较好的环境和条件，促使读者可以加入一些有关阅读的群组等，加强读者和其他个体之间的联系，便于他们之间的沟通和交流；业务逻辑层可以帮助读者运用各种知识资源，便于读者的沟通和交互。数据访问层主要是针对资源库的操作，能够提供本地馆藏资源、阅读社区原生信息资源、数字化资源、网络数字资源链接等服务，实现基于海量记录的数据挖掘、知识重构与创新。①

这种形式的阅读社区平台优势十分突出，它不仅具有十分强的操作性，同时能够增强读者的信息，使他们的头脑更加清晰。读者能够在这个平台之中搜索各种资源，并且对信息进行一定的转换和筛选，从而获取有用的信息资源。

（二）功能层面的构建

1. 功能模型构建

第一，当用户准备开始阅读的时候，其需要获取一定的相关阅读资源，这个时候阅读社区就可以通过技术手段对读者需要的资源进行搜索和整合，为读者提供优质的阅读资源。在此过程中，数字图书馆就好比是一个领航

---

① 王知津，谢瑶. 基于知识社区的 e-learning 及实例分析 [J]. 情报资料工作，2008 (3).

者，它能够很好地为读者指明阅读的方向和角度，从而为其提供最具有针对性的服务。

第二，当用户获得了一定的阅读资料时，其需要对所获取的资料进行分析和筛选，从而选出最符合自己期待和需求的资料。这个时候数字图书馆的阅读社区就会运用一定的检索手段对这些已经获取的资源进行判断和筛选等，从而为用户提供参考的评判数据，使用户的判断和筛选更加有理有据。

第三，如果用户想要再一次甄别初步筛选的资料，并做出有价值的判定，这种情况下阅读社区可以通过一定的先进技术建立小组研习室，建立多元互动团体等。在这个过程中，数字图书馆则起到了评论者的作用。

第四，在用户进行回馈、整理和重新组合所获的阅读资源时，阅读社区会透过资料的数据发掘来追踪读者的实际阅读状况，并在这个过程中为读者提供及时且有针对性的帮助。在这个过程中，数字图书馆起到了检验者的作用。

第五，当用户进入"消化吸收的阶段"时，"阅读社区"将推出"基于情景、基于学习"的新型阅读方式，即主题情景形式的阅读，帮助用户"消化"。从这个意义上说，数字图书馆是"智叟"的一种现实角色。这位智叟的一席话，说到了点子上，让众人豁然开朗，瞬间明白。这和阅读社区所扮演的角色是一致的，发挥的作用也是一致的。然而，我们应当注意的是，阅读流程并不是分开的环节，它实际上是一个整体，它的各环节之间是相互促进的关系，并且，在阅读社区中，人们还可以通过多种途径来达到各种各样的效果，所以，每个方法都可以达到不同的效果，并不一定要限制于某个具体的环节之中。

2. 线上功能的构建

（1）信息素质教育实现即时的阅读技能指导

众所周知，数字图书馆在发展和建设的过程中一定会不断地引进新颖的信息技术手段等，同时其也会不断地丰富自身资源的数量和种类等，这种趋势也给读者提出了一定的挑战，即读者也需要不断地提升自身的信息运用能力以及信息检索能力，这样他们才能够在现实中很好地运用这些不断更新和升级换代的数字图书馆服务。然而目前很多读者面临的现实情况就是，他们并没有大量的时间以及精力等来学习和掌握先进的信息技术以及检索技术，这也导致了其在现实中无法很好地运用新颖的数字图书馆服务，因而这也是一个十分严峻的问题，需要引起图书馆负责人的关注和重视。其实这个问题已经存在一定的时间并且被人们发现和关注了。为了不断地提升用户的信息素养以及相应的检索能力，很多高等院校以及图书馆等都开设了有关文献检索的课程，具有较强的针对性。然而现实的情况是，在数字图书馆的运行中，这类课程的开展率并不是很理想。这时数字图书馆的阅读社区就可以开设文献检索的相关课程等，从而为读者提供选择的空间和条件。

除了提供一定的文献检索的相关课程之外，阅读社区还会为读者提供其他相关且可以提升读者信息运用能力的教育服务等，便于读者的学习和运用。读者完全可以根据自身的文化水平以及时间、精力等来规划课程的学习，从而不断地提升自身的信息技术运用能力，更好地运用数字图书馆获取所需的资料，从而提升自身的检索能力和学习能力。

上述操作可以很好地为读者提供其所需要的各种服务和帮助，从而使数字图书馆的信息服务工作可以比较好地落实下来。在这个过程中，读者可以学习很多图书馆相关的专业化知识等，这也为其阅读提供了优良的环境和条件，是有益于读者自身发展的。

（2）数据挖掘分析实现即时的判断筛选帮助

事实上，在数字图书馆的阅读社区里面，人们经常且广泛使用的一个概念就是"学习对象"，这也就意味着读者的很多举动以及学习行为等都会被认为是可以观察和分析的对象，如某个读者是否浏览过某一本书或者借阅过某一本书，又如读者曾经查阅或者下载的某一篇文献资料等等。这样对于一个读者而言就可以搜集到大量的和这个读者有关的数据，从而渐渐地形成了一个阅读的大数据，这也是读者相关的各种信息的综合体。当读者有了这些大量的相关信息数据之后，人们就可以充分地利用数据挖掘分析技术来对某个读者进行深入地分析和挖掘了，从而根据大量的相关信息等找出读者的兴趣、爱好方向以及搜索的范围等，这样就可以为读者提供精准且满足其现实需求的文献资料了，即对读者提供个性化的服务，提升读者的满意程度。

除了运用一定的技术之外，要想实现这一点，还需要一个平台。第一，利用当前主流的网络平台进一步实现了数字图书馆阅读社区的信息引介，这项功能很强大，具有较大的现实意义。比如，可以将用户系统与读者的手机短信以及他们的电子邮箱进行绑定，这样即使用户没有条件无法登录图书馆的相应系统，也可以收到图书馆的各种提醒以及服务详细内容了。第二，这个平台是用户获得各种各样推荐信息的地方，登录之后，用户可以通过自己的账号来进行确认，然后和 Cookies 一起为用户提供相应的服务。第三，微博和微信等社交软件的优势也十分突出，由于其普及性、交互性、覆盖面广，又具有信息发布、实时动态跟踪、情境化推荐等优势，使得其在社交网络中发挥着不可替代的作用。

（3）线上小组学习室促进阅读分析评价

信息共享空间在结构上由物理空间（Physical Commons）和虚拟空间（Virtual Commons）共同构成。[①] 虚拟空间一般包含两个部分的内容，第一个部分就是数字资源，第二个部分就是信息服务。而物理空间则是真实存在的空间，这也是读者进行阅读和学习的良好场地。在虚拟空间里面，读者可以开展线上的学习和阅读，他们还可以运用各种聊天室，从而增强阅读的活跃程度。

（4）教育游戏促进阅读反馈、吸收

教育性的游戏和用户平时使用的游戏具有较大的区别，这是因为它更多地体现了"寓教于乐"的作用。在严肃的教育环境里面，数字图书馆的阅读社区服务可以为用户的阅读和学习等增加很多趣味性的内容，从而使其阅读或者学习不会那么枯燥以及乏味。事实上，数字图书馆提倡用生动形象且样式变化较多的阅读推广活动，让大家体会到读书的乐趣，在日常生活中尽情地享受读书的快乐，并慢慢地培养出一种读书的习惯，最终形成一种读书的迫切感。所以，从本质的层面进行探讨，引入在线的教育游戏其实是符合上

---

① 王曰芬，王倩，王新昊. 情报研究工作中的知识库与知识社区的构建研究 [J]. 情报理论与实践，2005（3）.

述理论的。

数字图书馆的阅读社区目前可以为用户提供多种多样的游戏形式，其可以提供单机、双人、团队三种模式的教育游戏。具体分析而言，在单人脱机游戏里面，用户可以按照自己的学习目的以及进度等来设定题目的难度、题目的个数。比如，如果用户选择了研读，那么游戏的系统就会设置多道很难的问题出现在游戏中。在双人的游戏里面，用户可以在游戏里面相互提出问题，相互解决问题，通常系统会把用户解决问题的次数当作评价的重要指标以及优势所在。在团体的游戏里面，团队中的每个用户都需要尽所能地发挥作用，从而为团队赢得游戏付出应有的努力，最终顺利地分析问题并且解决问题。

总而言之，教育游戏可以激发读者接受挑战的欲望，并且能够让读者在游戏的过程中增强团队合作的能力以及感受竞争带给读者的紧迫。因此，应根据实际情况将教育游戏引入数字图书馆的阅读社区中，可以对读者的阅读效果进行测试，从而提高读者的阅读吸收能力。

3. 线下辅助功能构建

（1）线下小组学习室促进阅读分析评价

物理空间的小组学习室对于读者而言十分重要，它能够很好地帮助读者进行阅读，和其他读者进行沟通和交流等。基于此，我们可以在图书馆里面设置不同环境的不同阅读场所，从而满足具有不同实际需求的读者的个性化需要。物理空间的小组学习室是真实存在的物理环境，在这个环境之中，读者可以和同伴结伴阅读，他们可以根据一定的话题进行讨论和探讨等，并且在阅读和讨论的过程中还可以使用各种实体的设备，如投影仪、打印机等，这样为人们的讨论提供了很多便利的条件。我们需要明确的是，小组学习室采用预约的制度，读者需要根据预约制度和规则进行阅读和使用，这样才能够更加高效地使用物理空间。

（2）主题式情景阅读在线下促进阅读吸收

主题式情境阅读，就是通过创造一个主题明确的环境，将图片、文字、音频资料以及视频资料等信息综合起来，向读者展现出一个主题鲜明且具有一定文化内涵的情境，使读者置身其中，这会触动读者的视觉、听觉等各个器官，从而使读者对阅读更加感兴趣并且愿意付出时间进行阅读。在此基础上，提出了一种"以人为本""以人为重"的阅读策略。

此外，数字图书馆里面的阅读社区还有一些其他的功能和作用，它可以以读者的查询人气和话题人气为基础，从中选取出排名第一的高频词，或者是互动时产生的话题，并以这些高频词汇或者高频的话题为基础进行图书馆展览，这样图书馆就很容易吸引读者的目光和兴趣了，这也有利于读者对相应的内容进行阅读，培养其阅读的兴趣。

第三节　泛在知识环境下图书馆的立体服务模式与创新

一、泛在知识环境下图书馆立体服务模式概述

要研究图书馆立体服务模式，必然应先对立体服务及其模式进行界定，图书馆服务的优劣主要是从是否真正满足用户需求的角度来判定的，信息服务及其模式就是主要的研究方向。图书馆发现知识和挖掘知识的功能还体现在建立价值链上，突出强调"价值链"主体的主观能动性。[①] 这里将从管理的角度和这些服务模式立体交叉相生相长的角度进行阐述。

（一）泛在知识环境下图书馆立体服务模式的概念

图书馆信息服务是图书馆根据用户的信息需求，广泛收集各种相关信息并对信息内容进行整序、分析综合处理后，以一定的技术手段和方式提供给用户，满足用户信息需求的一种活动。泛在知识环境下的信息服务主要指网络技术日益发达，信息渠道日益宽泛的情况下，通过各种方式和渠道对信息

---

① 欧琼妍. 泛在知识环境下智慧图书馆服务模式探究［J］. 教育教学论坛，2020（37）.

获取、存储、处理、传递并提供利用的服务。所谓"模式",是指某种行为或工作的运作方式,或称范式,这种范式拥有指导思想、政策法规、执行步骤或方式、运作过程以及管理方式等方面的内容。信息服务模式是信息服务机构为了满足用户的某种特定的信息需求,收集、整理、提供信息服务所遵循的流程或范式。

那么什么是图书馆立体服务模式呢?图书馆立体服务模式是基于泛在知识环境下,图书馆借助现代化的新技术,利用物理图书馆馆藏和虚拟图书馆馆藏以及网络资源等一切可利用资源,并利用图书馆人的智慧调动图书馆各构成要素和服务模式,使之相互联系、相互结合、协调运作、立体交叉、协同持续发展,以满足用户特定的服务需求规律性的外在表现形态、流程或范式。① 该模式是信息资源、技术资源、人力资源、管理资源等诸多资源要素的集合,是以图书馆服务来体现它的功能和综合效益的。

(二) 泛在知识环境下图书馆立体服务模式的特点

1. 服务理念人本化。"一切以用户为中心""用户在哪儿,服务就在哪儿""以人为本"是立体服务的服务理念。

2. 服务对象广泛化。立体服务不仅针对传统图书馆用户进行服务,还针对网络用户、本地用户和其他地区的用户提供服务,服务对象广泛而深入。

3. 服务内容专业化。开展立体服务要求图书馆馆员要具有较强的专业素养,要精通计算机技术和检索技能,利用专业技能为用户提供专业化的信息,开展深度服务并且帮助用户建立自己的信息资源库。立体服务是一种专业化的服务。

4. 服务方式多元化。图书馆立体服务依托传统图书馆和网络进行服务,服务方式突破时间和空间的限制,呈现多元化的趋势。

5. 服务结构联合化。为提升不同类型图书馆资源共享的综合实力,提高各图书馆立体服务能力,推动图书馆之间的联合,加强服务结构的联合化是

---

① 李静、吴萌. 泛在知识环境下图书馆服务深化策略探析 [J]. 图书馆研究, 2013 (1).

必然趋势。

（三）图书馆立体服务模式构建的原则和基本要素

1. 构建原则

构建图书馆立体服务是一个大工程，牵涉多个图书馆、多个部门、多方面的因素，如人力、物力、技术等，应遵循以下几个原则。

（1）领导重视，更新观念。一项工作的开展肯定离不开领导的支持，立体服务亦是如此。一个领导的眼界、观念、魄力等对立体服务模式的顺利构建起着至关重要的作用。图书馆领导应从时代发展的要求、开展立体服务的意义等角度出发，多方考察并借鉴他馆经验，结合本校本地区图书馆开展立体服务所需环境制订详细的规划方案，分析和预测未来取得的效果，以取得上级部门的支持。同时，图书馆一定要摒弃"重藏轻用"的观念，树立"以用为主"的新观念，要有一定的思想认识和进取精神，培养图书馆馆员自觉提升服务的意识。

（2）周密计划，建档备份。每开展一项工作都应该做好周密的计划，对活动从始至终做好建档备份工作。从管理的角度讲，可以及时总结、发现问题并解决问题，也有利于对图书馆的评估和对发展方向的调整；从用户角度来讲，方便图书馆馆员及时掌握用户每一阶段的信息需求、研究热点以及服务满意度等。及时分析总结调整，有利于改进自身工作，掌握学科的发展研究方向，促进图书馆服务工作的顺利开展。

（3）开拓创新，用户第一。一切以用户为中心，针对用户的需求开展有针对性的创新服务，积极开拓服务项目，建构合理的服务模式。

2. 基本要素

（1）服务理念。泛在化立体服务的理念主要由"主动服务、平等获取和用户中心"三个方面构成，而"以用户为中心"是泛在化服务理念的核心。

（2）人才保障。图书馆馆员是知识载体和信息服务的实现者，是图书馆最基本、最活跃、最关键的因素。泛在知识环境下的图书馆馆员是"文献的管理者""知识导航员""信息开发者"。具备丰富知识和综合才能的复合型人才将成为图书馆专业人员队伍的主流。

（3）资源优势。图书馆资源是供图书馆提供服务的一切事物的总称。包括图书馆建筑与设备资源、图书馆人力资源和图书馆文献信息资源。图书馆建筑与设备资源是为图书馆服务所提供的固定的场所。包括书刊外借、阅览和咨询的场所，提供收藏保存文献信息的存储场所，提供读者娱乐休闲的服务场所，提供图书馆计算机系统管理和水电设备管理的技术设备运行场所等。

图书馆的设备资源包括计算机、网络设备及相关的外围设备，图书防盗设备，文献数字化加工与复制设备，自助借还设备，书架、阅览桌椅、办公家具设备等其他设备。这些设备大多数直接用于图书馆的读者服务，是图书馆活动中不可缺少的服务资源。

图书馆人力资源是依托图书馆资源提供服务的图书馆馆员工。图书馆文献信息资源是图书馆一切服务的基础，包括传统图书馆资源和数字化图书馆资源。传统图书馆资源以纸质资源为主；数字化资源除了传统的电子资源外，还包括各类数字资源库，如自建数据库、专题数据库学科导航数据库、E-learning学习系统、移动图书馆资源共享平台、可供下载的网络资源等，共同构成图书馆文献信息资源。

图书馆拥有丰富的馆藏文献资源，尤其是高校图书馆不仅在资源总量上有较强的优势，而且在特色资源的建设与特色学科的发展方面，各高校根据各自的发展方向和学科特点倾注了较多的人力、财力、物力的投入，不仅使资源得到了保障，而且形成了各具特色的特色馆藏，往往拥有某方面较为精深和权威的文献信息资源。

（4）技术支撑。泛在知识环境的产生得益于信息网络技术的迅速发展，图书馆立体服务模式的良性运转依赖的是强大的技术支撑。

（四）图书馆立体服务模式的构建目标

不管是传统图书馆还是泛在知识环境下的泛在化图书馆，其建设的根本点都是为了服务，而服务的最终目标是为了满足用户需求。泛在知识环境下的图书馆就是要把满足用户的实际信息需求和潜在的信息需求及有针对性地为用户提供定制化信息服务作为建立立体化服务模式的目标，以保证实现真正意义上的立体多维服务模式，使用户通过这种模式享用到图书馆提供的高质量服务。

1. 建立以用户为中心，具有良性互动机制的立体服务模式

泛在知识环境具有自由、开放、共享、互动等特点，而这些特点恰恰与图书馆的服务宗旨相一致。利用新技术构建图书馆服务模式，提升信息服务能力，建立以用户为中心良性互动的发展机制是顺应泛在环境技术发展的需要，同时也是满足读者个性化信息需求和加快图书馆自身改革发展的需要。就目前而言，泛在知识环境已经为图书馆搭建互动交流平台提供了 Web3.0、4G、物联网、云存储等现代化的技术支撑。Web3.0 的跨语言引擎技术可将个性化门户的各种语言版本进行整合形成一个统一的整体，实现不同语言间的翻译和不同搜索引擎检索的集合，Web3.0 的个性化信息聚合技术能实现知识共享的个性化和精准化。

随着互联网的不断发展，用户获得信息的渠道日益多样化，由此，图书馆里面设置的传统的咨询台、咨询电话等交互式的信息服务模式就对图书馆的建设与发展产生了一定的消极影响。所以，图书馆应该重新建立起一种开放、新颖的管理思想，引进一种智慧、便利的服务思想，把所有的工作都放在为读者提供优质的服务上，构建一个让读者能够更多地参与其中的互动平台，从而提升读者的阅读体验。例如，图书馆在条件允许的情况下可以建立一个订阅的界面，向用户推送各种信息和资讯，从而达到交互式资讯的目的。除此之外，读者在使用的过程中还可以把网络上面的各种信息等添加到属于自己的图书馆门户里面，提升利用的效率。

2. 建立提供泛在化服务的立体服务模式

传统图书馆的服务范围和服务对象是固定的，服务内容和服务功能是有限度的，服务场所和服务空间是明确的，服务手段和服务机制是常规的。这种现象远远不能满足泛在知识环境下的用户需求。泛在知识环境下的用户需求呈现出泛在化的特征，图书馆服务随之也应泛在化，图书馆也必须泛在

化。泛在图书馆就是无所不在的图书馆，其本质是图书馆服务的泛在化，是为用户创造图书馆服务与用户需求空间和过程有机融合的一种新的平衡状态，目的是提供一种到身边、到桌面、随时随地的服务。

3. 建立能挖掘和外化隐性知识的立体服务模式

隐性知识是隐含在人脑中的难以用文字、图表、公式等表达，难以传播和交流，不易被观察和了解，尚未编码和显性的知识；是一种主观的、基于长期经验积累的知识。隐性知识是图书馆知识服务的后备力量，挖掘隐性知识是图书馆知识服务水平提升的重要环节，是知识创新的推动力。泛在知识环境下的用户对存在于个体头脑中或组织内部的隐性知识的需求更加强烈。图书馆通过搭建相应的服务平台（比如真人图书馆服务）来促进隐性知识的交流与利用、传播与创新。注重挖掘和开发隐性知识并促成其显性化，使这些知识形成一种凝力，实现用户的学习能力和知识水平在隐性知识不断融合外化的过程中不断提高的目的，同时也提升图书馆的服务水平和创新能力。

4. 建立协同合作、多主体参与的联合服务立体服务模式

图书馆联合服务是某一地区、某一类型或某一专业的一定数量的图书馆之间在自愿原则下开展馆际协作服务的一种形式。参加联合服务的图书馆在协同合作、公开透明的前提下建立合理的管理制度，设立组织机构，以合作的方式结成联盟。该模式具有长期性、稳定性和整体性的特点。图书馆建立基于联合服务的立体服务模式，使每所高校的用户都可以享受到联合服务系统内全部的文献信息资料，增加单个图书馆所不能提供的服务项目和服务能力，解决文献信息资源数量及价格的急剧增长与图书馆经费不足之间的矛盾，这些是图书馆实现资源共享的重要途径。联合服务模式不仅为用户提供全方位、多层次、高质量和全天候的信息服务，也可以发挥不同类型图书馆合作共享的综合实力，推动传统图书馆与数字图书馆、纸质资源与电子资源的互补共存，促进区域图书馆与用户的交流沟通以及区域图书馆与区域发展的互动共进，引领图书馆事业的区域整体发展，是高校图书馆的未来发展趋势。

二、泛在知识环境下图书馆立体服务模式的创新

（一）基于信息服务领域的学科模式创新

学科服务最早始于 1950 年美国内布拉斯加大学图书馆，在我国自 1998 年清华大学图书馆建立学科馆员制度起，逐渐发展并显示出强大的生命力和影响力。学科服务主要适用于高校图书馆、科研图书馆，其目的是加强图书馆与各院系之间的联系和沟通，帮助师生或科研人员充分利用图书馆的知识资源和服务，同时也让图书馆能够及时了解院系的需求。图书馆学科服务又称学科馆员制度，是指一种具有开拓性、创新性的主动参与式服务。它具有个性化、专业化、知识化、集成化和前沿化的特点，是动态式信息服务。

1. 学科服务模式的类型

（1）学科馆员模式：是利用学科馆员的专业技能和信息素养面向学科用户通过沟通、交流和协作而提供服务的一种模式。以学科馆员为核心，为图书馆与用户之间搭建资源利用的桥梁，促进图书馆信息服务向知识服务转变。学科馆员模式正由"学科馆员—图情教授"的协同服务模式向"学科馆员—嵌入式"的合作服务模式发展。学科馆员模式是图书馆提供学科服务的重要模式。

（2）学科分馆模式：是根据相关学科的需要按照学科分类，根据一级学科、二级专业、三级研究方向及课程体系等分层次有侧重地开展与之对应的信息资源的建设，并提供检索、收集、加工和利用等的信息获取过程的服务模式。以建设分馆为核心，集中收藏了某一学科的文献资源，更利于提供深层次的服务，是重要的学科服务发展模式。

（3）学科导航模式：是基于网络平台按照学科分类集成了多种信息资源类型并给出了查找路径和获取方式的一种模式。学科导航模式重点在于"导航"，能够引导并领航用户查找和获取所需资源。

（4）学科知识库模式：是以特定学科内的专家、数据库信息、纸质文献和网络信息资源为知识来源，以知识单元为基础存储对象，利用计算机来表达、存储和管理的关于特定领域知识的集合。该模式重在建设知识服务领域，内容集中在某一个学科专题上，通过信息过滤和资源筛选等方式深度整合相关的知识，为用户提供深入且有序的知识。学科知识库模式是深层次的学科知识服务模式。

2. 学科服务模式的发展趋势。

（1）基于信息共享空间的泛学科化服务：美国艾奥瓦大学于 1992 年提出了信息走廊概念，1994 年扩建后将名称改为信息共享空间（IC），将图书馆提供的文献、网络资源和图书馆馆员的服务融为一体，为用户提供一个相对独立的物理或虚拟的空间服务，体现的是以用户为中心一体化的服务模式。

（2）建立学科服务联合体：随着泛在信息环境的深入发展，用户对信息需求的要求越来越细化和专业，学科间的交叉与渗透越来越明显，依靠单个图书馆和学科馆员的学科服务已经很难满足用户深层次的需求了。因此，多个图书馆之间的合作以及与其他信息机构的交流与联合将会是深入开展学科服务的趋势。多个图书馆通过成立学科服务联合体，建立联盟内的学科信息和服务的互动平台，构建学科服务良好的内外部环境，提升各图书馆的服务质量和服务水平，共同为用户提供系统化、深层次的学科服务。[①]

（二）基于 Web3.0 的个性化服务模式创新

图书馆个性化信息服务模式是以个性化信息服务系统为平台，以满足用户个性化信息需求为目标，在个性化信息服务活动中调整和组合各服务要素而形成的一种工作模式。图书馆个性化信息服务的根本目的在于通过特定的服务方式，根据信息用户的专业化、个性化需求，为信息用户提供适当的、有针对性的、独特的信息服务。目前，已经出现了各式各样的图书馆信息服务模式，如信息推送模式、门户模式、智能代理模式、呼叫中心模式等。

1. 信息推送模式。它是图书馆通过对用户动态的跟踪和需求分析，推测

---

① 邹群玲. 高校图书馆学科化知识服务模式的应用探索［J］. 现代职业教育，2017（31）.

用户潜在的信息需求，针对潜在的用户或潜在的需求方向，向其传递经过加工的信息资讯的一种模式。Web3.0 环境下的图书馆个性化的信息推送服务更强调对用户数据的自动而智能的搜集和分析，注重预测的准确性和科学性，以保证有针对性地提供所需信息，保证推送服务的效果，体现图书馆个性化服务的技术优势。[①]

2. 门户模式。它是在图书馆个性化信息服务实践中成功开发并广泛使用的一种模式。比较有代表性的是 My Library 的研发和推广使用。在 Web3.0 网络实践中，这种信息服务模式将更加深化，更注重用户操作的自主性、用户资料的智能追踪和判断，并主动提供使用的策略和服务内容。对广大的科研院所、高校等传统用户而言，这种模式将会是一种普遍采用的服务模式。

3. 智能代理模式。它是 Web3.0 阶段的图书馆信息服务深入开发和应用的一种模式，是围绕着用户个性化信息需求的满足所进行的开发。

4. 呼叫中心模式。它是将图书馆信息服务与"114"等寻呼台的信息服务在业务领域和服务内容、体制机制进行整合而形成的一种图书馆。在 Web3.0 网络环境下致力于提供个性化信息服务的新的实践形式。

5. 虚拟 3D 图书馆模式。它指图书馆的各个服务功能和组成部分以 3D 动画的效果呈现和展示给用户个体，用户以虚拟身份获得真实的图书馆信息服务效果的一种服务模式。图书馆建立这种模式对用户的信息需求的满足是一种心理、生理、感官等全新的释放。这种模式也集中体现了未来 Web3.0 网络环境下的图书馆信息服务典型特征。

（三）基于图书馆联盟的服务模式创新

各种类型的多个图书馆相互之间的合作和图书馆资源共建共享的联盟服务，其服务力量远远超越任何一个独立图书馆。随着科学技术的不断进步和网络环境的飞速发展，移动网络成为网络发展主体，移动图书馆联盟模式也必然成为未来图书馆发展的主体模式。

---

① 龙勇. 基于 Web3.0 的个性化信息服务研究 [J]. 电子测试, 2016 (1).

1. 图书馆联盟及其目的

图书馆联盟是一个联合体，它是指多个不同的图书馆为了实现一定的目标而建立的联盟，它们在联盟的过程中需要遵循某种协议，并且遵循一定的运行程序和标准，这样才能够使图书馆联盟更好地运行和发挥作用。最早的图书馆联盟是由传统的馆际合作发展而来的。图书馆联盟必须是由多个图书馆联合构成的，有共同需要遵守的制度和协议，有专门的成员组织进行管理、监督和协调联盟的运作，为的都是降低成本，实现资源共建共享、利益互惠并更好地为用户服务。图书馆联盟的发展将直接影响图书馆联盟的研究发展方向及服务方式。

联盟控制的主要目的是对整个共建共享过程进行监控，缩小成员馆之间的知识差距，调节适当的关系强度，最终形成稳定、互信、和谐的联盟关系。联盟控制需要注意三个方面的要素：一是组织机构方面要依托一个具有权威性，实力雄厚的图书馆，由其牵头组织推进相关工作。二是要制定严明的管理章程和制度，包括入会流程、工作条例、资金使用和管理、收费标准、绩效评价、激励和培训、文献版权等等。三是联盟控制手段要科学，明确调节成员馆之间利益平衡是最重要的。在制定联盟利益分配制度时，一定要充分听取各方面意见，确保利益均衡，只有坚持利益公平原则，联盟才能健康发展。

2. 图书馆联盟的服务模式

依托联盟的资源优势开展服务是联盟合作的根本。

（1）馆际互借与文献传递。馆际互借服务分为用户自行借阅和图书馆代借。用户自行借阅是指联盟成员馆的读者凭有效证件，自行到成员馆借阅文献；图书馆代借是指读者通过馆际互借中心网站申请，由本校图书馆代为借阅文献的服务。文献传递服务是图书馆工作人员根据用户需求，通过传真、复印邮寄或电子邮件等形式，为读者提供本馆文献或获取其他图书馆的文献原文的服务。

（2）统一检索。图书馆联盟提供了基于异构系统的资源跨库统一检索服务，用户可按学科、数据库名称、文种等方式同时检索多个系统中的多种资源，包括数据库、电子期刊和电子图书，并得到详细记录和全文下载，也可以选择单个数据库进行具体资源的检索。

（3）参考咨询。在联盟内网络平台上，运用各联盟成员的专家及学科专门知识而进行的问答式服务。通常采取实时咨询和非实时咨询相结合的方式，实时咨询是咨询馆员在线与读者进行实时交流，非实时咨询是用户在咨询系统内以表单的方式填写咨询内容等待馆员的咨询回复。

（4）定题服务与代查代检。是联盟根据用户的特定需求而开展的全程文献检索服务，提供的是针对性较强、专指度较高的信息服务。代查代检服务是联盟根据用户具体要求，依据用户描述的课题或特定需求的主题词、关键词作为检索入口，从开题立项到成果验收全程开展的文献检索服务。

（5）科技查新。指通过计算机检索和手工检索等手段，运用综合分析和对比方法，为读者的科研立项、成果鉴定等提供事实依据的一种信息咨询工作，以避免用户重复开展研究工作。

（6）网上培训。分为馆员培训和用户培训，馆员培训是为提高联盟成员馆从业人员的专业技能和服务水平而进行的在职培训，用户培训是为了让用户了解可获取信息服务的类型和实现方法而进行的联盟服务项目培训。

（7）个性化服务。是用户可自主设定所跟踪的学科领域中的专题，自动获取联盟中心最新相关专题信息，可直接调取相关内容或者联盟信息专家根据用户个性化需求主动推送或提供个体专题信息的服务。

（8）科技评估。是指由科技评估机构根据委托方明确的目的，遵循一定的原则、程序和标准，运用科学、可行的方法对科技政策、科技计划、科技项目、科技成果、科技发展领域、科技机构、科技人员以及与科技活动有关的行为所进行的专业化咨询和评判活动。

3. 图书馆联盟的发展趋势

图书馆联盟的发展经过了为实现图书馆之间馆藏文献资源联合编目、联合目录、文献传递、参考咨询的共建共享而形成的，以地域式资源共享模式、主题式资源共享模式、组织协作共享模式为主的传统图书馆联盟阶段，进入了以数字化信息资源共享为标志的数字图书馆联盟发展阶段。目前，随着泛在知识环境的深入发展，图书馆联盟又逐渐进入了一个全新的发展阶段——移动图书馆联盟。

移动图书馆联盟由供应商提供整套的移动数字图书馆系统解决方案，解决了以往图书馆联盟信息资源有限的问题与版权问题，其管理体制与运行机制为移动图书馆联盟的运作提供了良好的内外部环境，有利于获得稳定的财政支持，拓宽资金来源渠道。[①] 移动图书馆联盟可以有效地整合联盟图书馆海量的纸质馆藏资源、数字信息资源与优质的信息服务，真正达到让用户在任何时间、任何地点都能够方便快捷、无限制地访问并共享任何一个图书馆的信息资源，成为图书馆联盟科学发展的共享模式，是图书馆联盟可持续发展的有效途径。可以预见，未来的图书馆联盟必将是移动图书馆联盟，其必将成为图书馆信息资源共享的发展新方向与理想模式。

---

① 刘佳佳，陈婧慧，董喜鹏. 浅析数字图书馆联盟的服务共享模式 [J]. 科技展望，2016（5）.

第六章　数字化背景下现代图书馆的服务创新

在信息化时代，我们面临的信息环境正在发生着巨大的改变，人们获取信息的平台也从传统的图书情报机构转向了互联网。目前，现代图书馆在发展中面临着巨大的挑战，信息服务是现代图书馆建设的主要目的，在数字图书馆中占据重要的地位。进行服务创新是现代图书馆为适应数字化的发展背景而做出的举措，本章将从服务模式、服务理念以及信息服务与技术创新等方面简要分析数字图书馆的发展。

第一节　数字图书馆服务模式的创新

一、数字图书馆服务模式的演变

（一）数字图书馆的萌芽阶段："馆员中心"服务模式

人们最早关注并且开始研究和发展数字图书馆是因为人们需要满足图书馆的一些现实业务，从而使图书馆的各项服务质量得以提高，服务的效率更加高。在这种理念之下，人们才开始开发数字图书馆。这就要求图书馆的馆员需要做出相应的改变，从而不断地提升服务的品质和效率，可见数字图书馆是一种以图书馆员为中心的服务模式。有时候人们也把图书馆员称之为信息服务人员。在这种方式中，信息服务人员的位置很突出也很重要，他们位于信息服务的核心地位。在这个过程中，信息用户的主动参与却很少得到重视。从一开始，使用者即用户就一直处在一种被动的状态，他们无法主动地选择并充分地了解信息服务产品的制造过程，他们只能等待着信息服务人员为他们提供相应的产品，这样就不利于充分地满足用户的实际需求，并且降低服务的效率，这是因为在这个过程中，用户没有较大的自主选择权，因而他们多样化的需求就难以被完全关注并满足。

（二）数字图书馆的产生阶段：基于信息存贮的"资源中心"服务模式

在当前的环境下，由于文献资料的数量变得越来越多，呈现一种爆炸式增加的形式，这就导致了已有的实体图书馆已不能满足日益增加的文献资料的存储需求。在这种背景之下，先进的网络信息技术为图书馆文献资料的储存带来了一定的新契机，这主要就是得益于信息技术里面的数字化处理技术，这项先进的数字化处理技术就可以把大量的纸质文献资料变成数字化的信息，从而节省了大量的纸质文献资料存储空间。实际上，该项技术的发展也大大地推动了数字图书馆的快速兴起和发展。在这种情况下，图书馆的信息服务方式也相应地向以数字资源为主的方向发展。"资源中心"的服务方式，即服务者只关注于将文献资料的数字转换，仅将一种数字形式的文件资料提供给使用者，没有对这些信息资源进行更深层次的处理和挖掘，只进行了简单的替代，没有进行更细致的处理和产品的研发。如果不进行开发，就不能形成一个适合市场需求的产品，那么对于使用者而言，它永远都只是一堆垃圾。所以，在这一阶段，它的服务模式并没有从本质上得到完全的改变，而且它的模式还会在一定程度上受到传统模式的影响，并没有从文献信息服务模式的束缚中走出来。

（三）数字图书馆的快速发展阶段："产品中心"服务模式

这一时期内的数字图书馆是一个以 MARC 为核心，以特定的数字馆藏信息资源为基础而逐步地建立起来的一个相对自给自足的数字信息资源体系。在数字图书馆的发展过程中，人们的工作重心发生了变化，人们的思想也发生了变化，信息服务产品在图书馆服务中占据的位置和发挥的作用也越来越重要，这个时候处于初级阶段的服务模式已经无法满足实际发展的需求了，于是，以产品为中心的信息服务模式就在这样的现实背景中出现了。

图书馆的信息服务工作人员将信息资源进行适当的价值处理，把它以信息服务产品的形式呈现出来，并采用一定的策略或者途径等把这些信息服务产品等提供给用户使用。在这种服务方式的各个因素中，强调了服务资源、产品的位置。这个时候用户是十分重要的客体，他们的位置也很明确，即处于一种从属的位置。这也导致了图书馆的信息用户的主观能动性不能够被发挥出来，也没有被相关的工作人员重视起来。

（四）数字图书馆的逐步走向成熟阶段："用户中心"服务模式

在一个成熟期，数字图书馆的最重要特点就是可以对通过网络上大量的分布式数字信息资源进行广泛的应用，它的中心已经发生了一定的转移，不再把文献数字化和特定的数字资源库构建作为它的中心，而是把重点放在了如下两个方面，一个是分布式数字信息资源的建设，另一个是异构化的数字信息资源建设，从而在此基础之上不断地建立一个统一的信息服务系统。在分布式、异构化的背景下，数字图书馆的服务方式要发生一定的转变，要有一定程度的创新和革新，必须要建立"以读者为中心"的服务模式，即人们现在十分熟悉的"用户中心"服务模式。具体分析而言，"用户中心"的服务方式指的是图书馆的信息服务工作一定要能够从使用者的信息活动开始，并且要充分地了解每个用户的实际的图书馆信息需求，并在这一基础之上为用户提供需要的信息资源，从而很好地解决现实中遇到的问题等，这就是以用户为中心的一种信息服务模式。这不仅可以增强用户的黏性，还可以为用户提供具有很强针对性的服务，在服务的过程中不断地增强用户的满意程度。这也使得数字图书馆一步一步地走向了成熟。

（五）数字图书馆信息服务模式的未来走向

各种以网络为基础的、以知识为基础的、以协作为基础的信息处理机制也日趋完善，这些信息之间的链接、交换、互操作、协作和集成也越来越多，这些都为用户提供了更多的可能性，使得数字图书馆的用户可以灵活地处理各种信息，并且特有用的信息进行高效地处理，同时借助于这些信息来解决现实中遇到的问题等。这也对数字图书馆的相关管理者以及工作人员等提出了很高的要求，即要求他们要能够构建一种基于用户信息活动面向问题服务主动与利用自助相结合的集成式信息服务模式。这种服务模式不仅能够充分地调动起图书馆工作人员的主观能动性，同时也能够调动起用户的主观能动性，这样就能够更好地为用户提供优质的服务了，从而帮助用户更快更好地解决难题。

二、数字图书馆读者服务模式的创新

（一）"用户驱动"的服务模式

以纸质版文献资料为核心的传统图书馆提供的服务方式是以馆藏为主，其最根本的特点是重视收藏而不重视使用，可见传统的图书馆所有的服务内容都是以收藏为核心的，虽然传统的图书馆同样倡导读者是第一位的、用户的需求最重要等相关的服务理念，但是由于其自身的资源、技术等方面的制约，这种理念并未真正落实。与之形成鲜明对比的是，数字图书馆将分布式、数字化的信息作为其主要的馆藏用资源，其服务方式的主要特点是"馆藏"和"使用"相结合。随着图书馆的服务理念不断发生变化和更新，馆藏图书资源的范围的不断扩大，以及各项图书馆的技术条件不断完善，这些因素都使得图书馆需要进一步完善服务模式，需要把服务面向用户，从而尽量地满足各个用户的不同需求，即"用户驱动"的服务模式，这种模式的显著特征如下：

1. 图形化的友好的用户界面；

2. 智能化的帮助程序；

3. 快速地将书目、文摘索引信息、全文文本和图像传递给最终用户；

4. 强有力的检索工具和先进的信息处理、分析工具；

5. 用户联机查询数字图书馆的信息资源时，馆员可以以电子方式参与，直到用户解决问题；

6. 全天候的电子文献检索、处理和传递服务；

7. 充分研究和了解用户的现实信息需求和潜在信息需求。

（二）用网络化带动个性化的读者服务模式

1. 在线阅读

一批数字图书资源的发展趋势都是以"在线阅读"为导向，并具有各自独特的特点。这对读者而言无疑是一件好事，而书籍的数字化将会对互联网的应用起到积极的推动作用。过去，"数字图书馆"的理念是对图书馆进行信息化处理，然而在互联网的辅助和支持之下，分布式的电子文献信息资源具有更多的优势，其充分地应用了各项先进的文献检索技术，从而能够更加精准地寻找、捕捉并且定位读者的真实需求，同时为其提供服务和资源。

2. 网络个性化的其他服务

随着信息资源的日益丰富，人们对海量信息的利用也越来越方便。同时，互联网也加速了信息的使用频率，使更多的信息资源可以被人们使用，然而我们需要明确的是，网络上的信息资源种类繁多、数量巨大，这其中必然会存在大量的无效信息和负面信息，从而使网络空间的信息质量变得良莠不齐，同时也影响了网络空间的信息传播风气。事实上，目前已经有越来越多的用户需要从网络空间中寻找符合自身需求的网络信息资源，然而人们面临的现实情况是网络中的信息资源的质量和服务等存在一定的问题，这些信息资源已经无法满足人们的实际需求了，可见这二者之间的矛盾已经十分突出和显著，需要引起相关工作人员的重视和关注。在这种现实背景之下，用户十分需要有专业的人士能够帮助他们清理完空间，从而为其信息资源的利用创造一个十分洁净、高效率的网络环境。在这种背景之下，图书馆的相关工作人员则需要充分地发挥图书馆的各项优势，整合并且整理现有的图书馆馆藏资源以及网络资源，并且对这些现有的资源进行深层次地加工和处理等，从而为用户提供更加有针对性的服务，真正地做到以用户为中心，并且要根据不同用户的实际需求为其提供个性化的信息服务，从而提升服务的针对性和个性化，这也是数字图书馆发展的重要趋势之一。

（三）将知识导航作为读者服务核心的模式

随着数字图书馆建设的不断深入，读者的个性化服务日益加强，越来越多的读者需要图书馆提供个性化的服务。因而图书馆要努力做好本职的工作，成为重要的信息管理者，能够起到引导读者正确使用图书馆的作用。网络上大部分的信息都是以单一的信息为主要内容的，如果对这些信息进行了深入处理，就可以为读者提供更有用的知识信息服务。所以，我们要构建一套包括传统文献、电子出版物、网络资源在内的信息资源综合管理体系，该系统的功能十分齐全，能够为读者提供一体化服务等，提升读者的使用效率。

（四）管理理念的转变和创新

传统图书馆注重馆藏图书资源的有效管理，而图书馆管理人员则扮演着图书管理员的单一角色，缺乏图书馆管理理念的有效创新。这限制、阻碍了传统图书馆向数字图书馆的转型升级。在数字时代背景下，社会对图书馆管理的理念、体制、结构职能、管理手段都提出了新的要求，因此，数字图书馆必须与时俱进，转变图书馆管理理念，利用现代先进的网络信息技术，加快服务模式的创新升级，由传统图书馆单向的服务理念模式转变为以客户需求为中心的双向服务理念模式，充分体现以人为本的管理理念。例如，通过发达的移动互联网平台，利用图书馆网站，微博、微信、公众号等实时发布图书馆动态，活动信息，新书信息；并通过微服务大厅为读者提供信息检索，图书续借，读者咨询、借阅信息查询等服务，为读者提供便利化，专业化的优质服务。

（五）数字图书馆读者服务模式的优点

1. 创新了数字图书馆服务观念

任何一种产业的发展都离不开某种创意，而数字图书馆也不例外。在"互联网+"时代，对数字图书馆的服务方式进行创新就可以使读者更好地享受到更多的便利，提高他们的借阅效率，并且给读者带来更好的阅读体验。由此可见，"互联网+"技术的发展使图书馆在数字管理、服务方式上有了新的突破，给读者带来了与众不同的阅读感受。"互联网+"时代创新了图书馆的管理服务模式，使其服务范围也在不断扩大，满足了读者对信息化的需求，使读者能够随时随地查询到相关资料，实现线上线下相结合，拓展了服务空间。①

2. 重视读者的需求

图书馆的工作人员应充分运用"互联网+"相关的各项技术，为广大用户提供更加优质的信息服务，并不断创新服务的模式。这就要求图书馆要不断地改革自己的服务方式，同时要发展出不同形式的信息服务，要有不同的水平层次，有不同的专业服务。同时，图书馆的管理人员还要通过"互联网+"技术，实现服务方式的更新和革新，将服务的体验和信息检索方式有机地融合在一起，保持与读者的沟通，建立起一套更加完备的服务系统，这不仅能够丰富图书馆的服务项目和种类，也能够给读者带来更多不一样的服务体验。

3. 注重数字图书馆与其他图书馆之间的联系

在"互联网+"的新形势下，图书馆越来越注重与其他不同图书馆之间的沟通与交流，讨论它们的服务思想与经验等，力图为读者提供更高质量的服务，以更好地满足各层次的读者的真实需要。图书馆通过互联网加强了图书馆之间的交流协作能力，并且利用相关互联网技术进行融合创新，在保持原有的图书馆服务状态基础上，再制定相应的管理体系，对图书馆实行专业

---

① 闫闵，过仕明. 高校数字图书馆知识服务模式创新研究—基于读者行为偏好 [J]. 情报科学，2018（5）.

化管理，扩展服务内容，以读者的需求为目标，增强图书馆之间的学习协作能力，树立更好的服务理念。[①]

第二节　数字图书馆服务理念的创新

一、数字图书馆的人性化服务理念创新

人性化服务强调以人为核心，就是在提供服务之前，考虑到用户的需求，要以人为中心，暖人心，为用户提供富有感情的最优质服务，为用户提供所需要的设备，让用户在使用的过程中感受到舒适并且保持尊严。[②] 在实施人性化服务时要充分考虑到人性的弱点、人的差异性，这是事先的精心安排，体现的是一种主动性，是一种"已备读者所需"的服务，是想什么就有什么的服务，在服务的过程中，用户感受到的是一种和谐自然，使用户得到比预期更加满意的服务。图书馆的人性化服务要做到"以读者为中心"和"以馆员为中心"两个方面，读者作为特殊的服务对象，对服务的要求更加多样，所以为读者提供的服务，要因人而异，因时而异，不能数十年如一日，必须考虑到人性的差异。

（一）数据库技术人性化

图书馆数据库技术就是把图书馆收藏的文字、图像、声音等文献，运用一定的数据库技术进行处理，按一定的方式存储在计算机磁盘或光盘上。当用户需要时，可按既定方式检索出来以方便利用。目前，数据库技术虽然有了很大的发展，但也存在着许多明显的问题：很多数据库信息重叠，收录有

① 李晓妹. "互联网+" 时代高校数字图书馆服务模式创新研究 ［J］. 数字通信世界，2022（3）.
② 杨睿. 图书馆人性化服务理念的思考 ［J］. 才智，2017（15）.

相同的期刊或文章；一些数据库收录的文献学科类型相似，读者查找时，非常不方便，需要到各个数据库中查找，如果哪个数据库漏了，所找的信息就不全了。当前图书馆要改善读者需求与数据库现存的矛盾，就必须优化图书馆数据库技术。首先，采购数据库时要加强对读者的调研和评价工作，力争少而精，用有限的资金购买读者最需要的产品，切忌因贪多而降低质量要求。其次，数据库管理人员要建立一个完整有效的信息索引机制，完善搜索引擎，使读者通过一个搜索引擎找到该馆数据库中所有相关期刊或文献，而不必每个数据库都搜索一遍。如此，既节省了读者检索时间，又提高了检全率和检准率。

（二）个性化服务

个性化服务是网络环境下图书馆信息服务的新概念，是现代图书馆信息服务向纵深发展的重要手段，也是网络时代信息技术人性化的重要体现。主要方式有：信息推送服务、呼叫中介服务、垂直信息服务、网络智能服务。个性化信息服务是基于信息用户的信息使用习惯、行为偏好和特点，向用户提供的满足其个性化需求的一种服务。基于大量用户各自不同的信息需求，进行高效率的集成化信息过滤，就是所谓的"信息分流"，即改"人找信息"为"信息找人"，通过邮件推送技术预留网页、寻呼机等各种途径将信息推送给用户。

（三）统一信息服务

统一信息服务，即 UMS，是指"unified message serv"，是国际上最新提出的一种信息服务理念。UMS 将人们以前通过电话网、寻呼网、移动网和互联网分别享受的各种信息融合起来，实现多种类型的信息在同一位置存储和管理，用户可以随时随地地使用任何一种通信设备发送与接受信息。[①] UMS可以实现多种接入、多项应用、多个管理的统一。

---

① 赵春辉. 数字图书馆管理与服务创新研究［M］. 长春：吉林文史出版社，2017：216.

统一信息服务的兴起将引起信息服务的一次新革命。语音、数据、多媒体信息的融合，将重组未来的互联网市场，带来新的经济模式和价值链。目前，数据通信技术、无线通信技术、移动 IP 技术、互联网技术等都得到了飞速发展，这使得基于网络的各种应用越来越人性化，也促进了各种网络的融合，使得统一信息服务从理想变成现实，也使得统一信息服务的未来充满希望和挑战。

（四）图书馆资源数字化进程加快

图书馆需要将本馆有价值的纸质藏书文献进行扫描、著录、标引、编辑，建设具有本馆特色的数据库。图书馆可以利用网络公开资源扩大本馆数字资源服务的范畴，这需要工作人员利用网络寻找合适资源，对网络信息资源进行收集、评估、分析、整合、加工等，在大量信息资源基础上通过文本、超链接、数据库等方式将无序的社会网络资源变为有序的馆藏资源。数字资源在收集的基础上还需要科学高效的存储、整合、检索和标示才能为读者提供便捷服务，图书馆需对数字资源进行有效标识化和快速准确检索，满足读者的多样化需求，提高数字资源的利用效率。

二、数字阅读环境下数字图书馆服务理念的创新

（一）针对不同的读者，提供适合的馆藏资源

阅读的时代性很强，随着网络技术和移动技术的发展，人们进入了数字阅读时代。但在这个时代并不是所有人都会进行数字阅读，还有很大一部分人喜欢传统阅读，这就要求图书馆抓住特点，对读者进行分析，根据他们的年龄、性别、学历、专业等信息对其阅读需求进行分析，适时提供适合各类读者阅读的馆藏资源，并根据此阅读需求动态调整馆藏结构，将数字阅读与传统纸质阅读融合起来，这才是图书馆的长远发展战略。图书馆应利用一些应用程序使读者的借书卡可以在线借阅图书，即实现电子借阅。

（二）提高馆员素质，更好地为读者服务

数字阅读时代对馆员素质的要求大幅提高。在纸质文献与电子文献并存的图书馆，馆员不仅要具备传统图书馆馆员的基本素质，还必须熟练应用现代网络技术，能熟练使用各种现代检索工具，还要具备筛选、分析信息的能力，要成为读者的向导和顾问。

（三）通过合作推广阅读，为读者整合阅读资源

现在的读者更能够接受信息技术的飞速发展，也愿意尝试和接受结合了新技术的阅读模式。图书馆可采取合作推广的模式，使一些网络原生数字资源进入图书馆馆藏流通领域。

三、数字图书馆个性化服务理念的创新

随着信息网络的普及、信息资源的数字化、信息系统的虚拟化，信息获取途径日益方便、快捷和大众化。目前，图书馆处于一种传统图书馆与电子图书馆混合存在的状态。从管理和技术角度来看，图书馆需要改变传统的被动模式，才能开创主动的个性化的服务模式。从馆员的角度来看，他们不仅要充分利用现成的信息和知识进行服务，还要主动地在网上发掘知识为用户提供服务。这样，图书馆收集、保存和提供文献资料服务的基本职能已不能再衡量一个图书馆水平的高低。与传统图书馆功能相应的"读者至上"的管理理念和"以文献为中心"的服务理念在相当长的时期内推动了图书馆事业的不断发展。

（一）个性化服务和图书馆管理理念的转变

知识的生产和再生产是高校科研工作的核心内容，而信息技术则是知识的载体和基础。图书馆的主要功能将成为以知识选取与存储、知识重组与再生产为内容的人性化知识服务，而个性化服务体系的推出必将是广大高校的主要对策。这种服务体系下的图书馆管理强调以人为本，这里所指的人包括

两个方面：即作为服务客体的用户与作为服务主体的馆员。以往的图书馆管理较多地注重服务客体，也就是读者的层面，以读者为中心，方便其使用图书馆，而对以人为本的另一个层面，即作为服务主体的馆员重视不够。随着图书馆的功能由单纯的收藏转向信息开发与服务，馆员在图书馆作为信息存储地、交汇地和生产地的功能中，应当担任主角。因此，我们应在图书馆管理中，实现由"读者为中心"向"馆员为中心"的管理理念的转变。馆员是图书馆发展的根本动力。在传统图书馆工作中，图书馆最重要的资源是馆藏文献资源和图书馆建筑等硬件设施，这种观念显然已经不能适应数字化、网络化、智能化对图书馆管理与服务的要求了。因为馆员是知识的载体，是图书馆信息库的建造者和维护者，是信息资源与读者用户之间的桥梁与纽带。对于图书馆来说，优秀的管理者将成为当代图书馆最重要的资源和首要财富。这并没有否认馆藏文献、建筑及各种硬件设施的重要性。在图书馆界，充分重视人力资源的重要作用，把管理人员作为图书馆最重要的资源和财富，作为其发展的内在动力，具有很强的现实意义。

馆员是图书馆服务工作的主体，作为信息资源与用户之间的桥梁与纽带，馆员在图书馆工作中扮演着主角。他们的质量在很大程度上决定了该馆的服务质量。一个馆员的水平，是看他能否帮助用户建立起通向信息资源的桥梁。无数事实说明，无论是图书馆的信息采集、分类、加工等业务工作，还是面向用户的流通阅览与参考咨询工作，在同样条件与环境下，由于馆员个人素质与能力的不同，在工作效果上就会产生很大的差异。为了更好地向用户提供优质的服务，必须树立"以馆员为中心"的现代图书馆管理理念。

(二)　个性化服务与图书馆服务理念的转变

网络作为信息的重要平台，大大丰富了图书馆的文献资源，突破了图书馆的物理界限，实现了图书馆的异地服务，满足了用户的各种需求。网络是一个理想的存取和利用信息的空间，用户借助网络可以很从容、有余地选择信息。这使图书馆的地位发生了根本的改变，它已由"文献中心"演变成

"用户中心"，而且在网络环境下，图书馆传统的信息检索与传递服务逐步边缘化。

传统的图书馆更多关注信息对象（馆藏），而不是信息用户（读者），以馆藏文献为中心开展服务。图书馆的知识服务，紧密地将信息用户、信息资源和信息技术结合起来，针对用户结构、阅读倾向、各群体数量及比例、利用图书馆的频率和方式，对服务的需求层次和满足程度，将来可能的发展变化的参数，连续地收集用户数据、深入研究用户信息需求，建立明确有序的用户信息反馈渠道和科学、可行、系统化的评测指标，借以客观准确地反映和评价图书馆服务运行的状态和效率，指明需要改进的环节和项目，有针对性地调整服务对策，从而扩大和提升图书馆的知识服务。特别注意扩充知识内涵，实现知识挖掘和知识发现。同时，应尽量拓展相关问题的知识涵盖面，充分利用图书馆现有各种实体资源和网上虚拟资源，依靠现代信息技术为图书馆提供知识面更广的知识服务。知识服务包括基于分析和基于内容的参考咨询服务、专业化信息服务、个人化信息服务知识和信息得到系统化、综合化、深入化，产生针对性和适应性更强的再生知识。

这样，知识服务将成为图书馆发展的另一个动力源，知识服务是被用户目标驱动的服务，它对服务的最后评价不是图书馆是否提供了信息，而是通过服务是否解决了用户的问题。它关心并致力于帮助用户找到解决问题的方案。知识服务是贯穿解决问题过程的服务，贯穿于用户进行知识捕获、分析、重组、应用过程的服务，根据用户的需求动态地和连续地组织服务。它是面向知识内容的服务，重视用户需求分析，根据问题确定用户的需求，通过信息的析取和重组来形成恰好符合需要的知识产品，并能够对知识产品的质量进行评价。

（三）数字图书馆推进个性化服务理念创新的具体策略

1. 个性化的网页定制

在数字图书馆中，最重要的就是那些数字信息也就是数字化的阅读内容，它们是直接展示在读者面前的，也是读者来数字图书馆阅读的主要对象。因此在网络个性化的服务上，首先就是在数字信息显示的网页上的定制。数字图书馆应该推出一种具有个性化的网页定制系统，这样的一个个性化系统，可以让读者按照自己的喜好以及阅读习惯对网页的色调、文字的布局，文字的字体及大小等视觉特征进行定制，也可以将网页的主题内容、网页的搜索以及一些画中画的显示等等都按照读者自己的意愿进行调整定制，从而通过读者的设置，建立起来一个属于自己的个性化的阅读空间。最终在读者阅读屏幕上的是一个由图书馆和用户共同组建起来的阅读数据库，图书馆提供图书信息的来源，搜索以及参考内容，而用户则是根据自身的需求建立适合自己阅读习惯的个性化空间，以便让数字图书馆的网络个性化服务真正做到因人而异，满足每一位读者的阅读爱好。

2. 个性化的信息推送

数字图书馆另外一个重要的功能就是信息推送技术，信息推送技术是由原先的推送技术经过不断发展演变而形成的一种新型服务技术。信息推送服务就是通过网络技术根据读者在指定时间内或根据发生的特定事情把用户选择的数据自动推送给特定用户的计算机技术。[1] 随着时代的发展，图书馆应该建立的就是由更加先进的硬件和更加智能的软件相结合，共同形成的全自动化的信息推送服务，系统可以根据读者的爱好、阅读类型、阅读习惯以及阅读时长等需求，通过读者手写输入或者语音输入等方式，自动推送出读者需要的阅读信息。当然了，一方面读者可以建立起自己的阅读数据库，将自己的阅读爱好、感兴趣的阅读资源类型等保存至阅读信息台上，在之后的阅读中，数字图书馆会根据读者之前储存的阅读数据进行直接相关相似阅读文章的推介及推送以供读者选择；另一方面，阅读台也可以读取读者的阅读卡信息，根据里面的信息进行科学的分析，然后通过分析结果将相关内容推送到每一个读者面前。这样智能化的信息推送功能，不但可以保证读者阅读的连续性，也可以根据读者不同的阅读习惯，不同的阅读类型以及爱好等推出更加个性化的服务，让读者可以更强烈地感受到信息技术下图书馆所展现的魅力。

---

① 卢险峰. 数字图书馆网络个性化服务分析 [J]. 山西青年，2019（23）.

3. 个性化的网络覆盖

数字图书馆不仅仅要在本身的建设上实施个性化的网络服务，更应该扩大网络技术的覆盖范围。在网络信息时代，知识和信息的传播已经得到了快速的发展，数字化的图书馆虽然阅读资源在不断增多，但是仍然在一定的程度上无法满足这个时代读者对于信息追求的速度。因此数字图书馆可以从两个方面入手提供个性化的网络服务，一方面是图书馆应该建立起自己的互联网主页，将数字资源上传到网络上进行管理，或者成立自己的阅读APP，这样可以让读者在不方便去图书馆的时候运用电脑或者手机感受数字图书馆的网络个性化服务；另一方面，数字图书馆应该在图书馆整个范围内提供无线网络的覆盖功能，让读者可以实时运用手机、笔记本电脑通过互联网获取最新的一些信息，也可以让读者通过互联网观看到更多有关阅读信息的文字、声音、图片以及视频，这些直观的呈现方式，减少了读者在只阅读文字内容时产生的过多思考和感悟过程。

第三节　数字图书馆信息服务与技术创新

一、数字图书馆信息服务创新

（一）从文献资源共享到服务共享

1. 从中国银联获得的新思路：从资源共享到服务共享

通过对中国银联的了解，图书馆行业的共享体系可以获得值得借鉴的新思路：

①忽略对于成员机构内部业务的管理和影响，重视用户的共享需求，开展相关服务；②通过相关数据标准和通用卡片介质，实现成员机构的所需业务的互联互通，保证用户在各个成员机构中都能够享受通行的服务；③构建

数据交换中心，实现对于用户的统一认证和相关的成员机构之间的结算；④商务化运作以保持可持续发展。

图书馆共享体系的建设是分阶段发展的。如果说第一阶段是以文献资源共享为核心，那么随着共享文献目录、文献资源的建设达到一定规模，重点面向读者的共享服务就成为共享体系发展第二阶段的核心了。借鉴中国银联的解决方案，我们倡导在图书馆行业也构建类似的管理与服务联合体，甚至可以命名为"中国图联"。在图书馆 2.0 的以用户为核心的指导思想下，重点解决如何让读者享受联合体的成员馆提供的各种各样的文献服务。

2. 图书馆服务联盟的基本任务和原则

图书馆服务联盟背靠图书馆行业的文献资源背景和用户背景，制订图书馆服务标准、元数据标准和相关业务规范，建设集中的读者认证中心和数据交换中心，实现公共数据交换基础上的读者和服务共享。对于各个图书馆的文献服务进行统筹、引导和协调，最大限度地满足读者的各类文献需求。围绕图书馆群和读者群，建设网络知识服务社区，开展在线阅读、参考咨询、知识共享等服务，以此构建数字图书馆联合体。图书馆服务联盟应坚持"平等、统一、共享、参与"四原则。

3. 图书馆服务联盟的运行管理与服务原则

图书馆服务联盟必须采用公司化运作的模式。除日常运行管理必要的管理委员会、专家委员会等常设机构外，还应成立联盟建设和发展必要的第三方运营服务公司。主要职能包括：

一是向各个图书馆推销图书馆服务联盟的理念，为加入的图书馆提供现代化管理系统软件，在收取年软件服务费的前提下，提供售后支持与服务。

二是给各个图书馆的读者发放可以实现馆际互借的类似银行的银联卡的"图联卡"，并给图书馆服务联盟提供馆际互借的物流支持。

三是在各个图书馆所建立的管理系统的基础上，构建统一的用户认证中心和数据交换中心，共享读者、书目信息等，并在此基础上构建、运营、发展全新的网络知识服务社区。

4. 图书馆服务联盟的技术解决方案

图书馆服务联盟的系统架构是庞大而且复杂的，需要面临大量的基于异构数据库的管理系统和资源系统。不过信息产业的发展已经提供了较为成熟的技术解决方案，即建立统一的身份认证中心，并进一步通过 XML 数据实时交换以实现各类业务数据的共享。

构建统一的身份认证中心，是服务共享体系不同于文献资源共享体系的重要一点，也是图书馆 2.0 理念的集中体现。以地区数据交换中心为例，其交换的核心数据是读者信息与联合书目信息，通过这些整合的基础数据向授权读者提供各种文献共享服务。系统的难点是实现各个图书馆之间的数据整合和集成，解决不同格式数据的统一和数据兼容性问题，需要建立统一的图书馆数据格式以及数据采集规范，集成各个图书馆的数据，并实现数据的流程管理，实现业务数据的共享和协作。

5. 图书馆服务联盟的可持续性发展

构建一个庞大的共享体系，且涉及的用户、参与的机构众多，其可持续性将是重点研究的内容。图书馆服务联盟可以基于以下三点，保持其可持续性。

①社会发展对于图书馆的必然要求。知识经济时代的来临，信息社会的高速发展，对于图书馆的要求越来越高，图书馆要满足社会发展的需要，凭借原来基本上还是单打独斗的姿态，是远远不够的，势必形成合力来满足这个需求。

②稳定的用户群。图书馆自身的共享需求，以及读者的知识需求，使得一个背靠整个行业的共享服务计划得以保障，比如，大学图书馆每年自动会增加新用户，而原有的用户则得益于终生服务的实施而没有流失，使得计划的可持续发展得到保证。

③非营利性收费，保证图书馆服务共享体系的基本运行。为了保证图联的正常运行，非营利性收费是必要的，可以尝试从社会读者服务、文献传递、网络广告、网络知识社区的电子商务、情报服务等方面获得非营利性收入。

（二）数字图书馆个性化信息服务创新

1. 图书馆个性化主动信息服务系统目标

为了构建个性化主动信息服务系统，要求我们从理念和技术上应该做到创造适应用户从心理到行为的信息活动空间，根据用户的知识结构、心理倾向、信息需求和行为方式等来充分激励用户信息需求、支持用户习惯行为方式，促进用户有效检索和获取信息，促进用户对信息的应用和知识创新；凝聚与个人相关的信息资源，通过基于灵活分析的、可方便定制的个性化资源组织机制，形成针对个人或课题特殊需要和特殊应用要求的虚拟信息资源集合，从而在充分挖掘和利用广泛信息资源的同时保障用户信息检索利用的针对性和有效性。

2. 图书馆个性化主动信息服务系统构建

（1）建立用户档案，建设用户基本信息库

用户是图书馆最重要的资源。一个信息完整、便于共享的用户信息基本库是实现个性主动信息服务系统构建及进一步实施客户关系管理的基础。在图书馆中建立主要用户的档案，这是一项常规工作，只是很多用户档案的信息不全，有的可能只有用户姓名、单位、图书证有效期等简单信息。而且多数图书馆的用户档案只在办理图书证时由流通部门一次性建立，即使其他部门了解了更多的用户信息也不能够添加和修改。这显然是不利于全面了解用户的。

用户档案应该尽可能完整地记录用户的基本情况。不仅包括用户姓名、身份（教师、学生、科研工作者等）、单位等身份信息，还应该包括用户的专业、研究领域、兴趣和爱好等兴趣信息，还有用户的电话号码、E-mail 地址、手机号等联系信息。

（2）主动搜集与过滤信息

根据用户需求，系统自动跟踪本地信息库和互联网上相关信息的变化，主动搜集用户感兴趣的信息。由于网络信息组织的无序和混乱，要在网上获取有价值的信息，需要运用数据挖掘技术，通过 Web 内容挖掘和结构挖掘，可以揭示 Web 文档中的隐性知识，获得更多的有价值的信息。为了提高信息的相关度，还必须对所获得的信息进行过滤。常用的信息过滤方法有两种：基于关键词向量的过滤方法和基于文献集的信息过滤方法。

（三）数字图书馆知识服务创新

1. 技术创新与非技术创新并重

新技术对数字图书馆新服务的开展起到了很大的推动作用，例如，采用网络技术和通信技术实现实时参考咨询服务；采用信息推送技术提供定制化服务；采用信息需求分析挖掘技术，挖掘用户信息需求，并在此基础上开展主动服务等。数字图书馆需要重视技术的积极作用，为新服务的开展提供技术支持和保障。

但同时，也要重视非技术在服务创新中的重要作用。不仅通过技术创新，还可以通过组织形式和机构的变化，管理方法和手段的更新，改进服务机制、服务流程服务模式、服务方法等措施来进行服务创新。

2. 增强核心服务，拓展外围服务

数字图书馆是重要的知识库，拥有大量的知识资源是图书馆的重要优势。在加强资源建设的基础上，围绕资源所进行的资源查找、分析、利用等仍然是数字图书馆的核心业务，需要不断地通过改进服务机制、服务流程、服务方式等措施来进一步优化服务。

在增强核心服务的基础上，积极拓展外围服务。积极开展便利性服务，增强服务的易用性和可接近性；加大对支持性服务的建设，通过提供特色化服务，实现服务差别化。服务的拓展和延伸可以通过现有服务要素的增加、减少、重组来实现，也可以通过引入新技术、新制度、新方法的形式来实现。

此外，要重视服务沟通和服务形象对用户或顾客感知、情感和态度的影响。通过服务风格和服务形式的变化、服务质量的提高等增强用户对数字图书馆服务的好感和满意度，塑造亲和、友好、乐于服务、值得信赖的服务形象。

3. 鼓励用户参与，注重合作创新

在创新的初始阶段，用户不仅是服务需求、背景等信息的提供者，同时也是重要的创新思想和概念来源。用户的体验、用户的反馈、服务测试中用

户的参与等对新服务的开发和生产有着重要的作用。在新服务设计过程中，要鼓励用户积极参与，采用采访、团队会议、焦点小组、头脑风暴、模拟服务传递过程等方法鼓励用户参与服务创新。用户参与创新不但有利于图书馆了解用户需求，使新服务更符合用户需要，同时，也使新服务易于被用户接受，在服务的过程中更愿意与服务人员积极合作。充分发挥服务人员的作用，捕捉用户不断变化的需求，包括其对服务的看法和建议以及具有创造性的新服务思想。了解用户究竟需要什么样的服务，所提供的服务最终要达到什么样的效果，能给用户带来什么样的利益？用户对现有服务评价如何，对现有服务存在哪些不满，原因是什么，如何改进？在服务提供的过程中，要注重与用户的交互作用以及用户对服务实施的效果的评价和反馈，在用户的配合下对实施的方法或方案进行测评和监控。改进现有的服务沟通交流方式，增进与用户间的沟通与了解。

4. 注重专门化创新

数字图书馆的用户主要是学习知识和创造知识的个体，图书馆的知识服务面对的用户需求更具多样性和个性化。数字图书馆知识服务，尤其是情报研究、定题服务和科技查新等服务，往往也需要针对某一用户的特定问题在交互过程中构建并提出解决方法；在服务过程中服务人员和用户联系紧密，服务需要服务提供者和用户共同完成。因此，服务创新很适宜采用"专门化创新"模式。"专门化创新"在"服务提供者—顾客"界面上被生产出来，由顾客和服务提供者共同完成。数字图书馆知识服务创新要重视与用户的联系以及与用户的交互作用，注重与用户间相互学习的过程。

"专门化创新"是一种"非计划性"创新，提供服务的人员在服务创新中起着重要的作用。图书馆需要努力创造形成有利于创新的文化氛围，采取激励等有效措施提倡和鼓励创新；加大图书馆创新人才队伍的建设，通过各种途径培养图书馆员的创造力和创新能力；不断完善图书馆的管理机制，使其管理和服务更具灵活性，为图书馆员创造力的充分发挥创造有利条件。

由于"专门化创新"主要针对特定顾客问题提供特定解决办法，因此往往很难进行复制并用来解决其他顾客问题。为确保能在一定程度上对独特创新进行复制，图书馆员有必要对服务的某些要素进行解码以便能在其他创新中加以运用。

（四）数字图书馆参考咨询服务创新

1. 资源整合

图书馆资源的整合，可以简单地理解为资源的一体化过程，即对现有的技术、服务与新技术、新项目的融合，克服不同系统、不同项目、不同服务之间的不兼容性，打造出全新的服务环境。数字化图书馆参考咨询服务必须建立在对现有数字资源整合的基础之上。我国图书馆现有的数字资源主要有这样几种形式：本地书刊目录、取合目录、本地或远程的文摘索引数据库或其他二次文献数据库、本地或远程的全文电子期刊、全文电子书或其他一次文献数据库、电子教学参考资料、本地各种自建数据库、独立的光盘工作站、离线的光盘和磁盘、网络光盘库等。这些数字化资源有的是购买，有的是本地自建，有的是与其他图书馆或信息机构共建，由于数字资源的来源不一，因而使用方法也不同。这些数字资源间的相通，新项目与传统资源的相兼容，仅仅通过 Web 界面来统一是不够的，读者面对的仍是一个个独立的系统，必须建立起有效的机制，把各界面连接到一起，即构成现在方兴未艾的检索系统。

2. 参考咨询服务系统的建设

数字参考咨询系统是当前正在研究开发的高级检索系统，它是一项需要投入一定的人力、物力和财力的工程，需要大量资金作支持。我国主要的大型文献信息单位与情报部门也开展了虚拟咨询服务。我国在网络参考咨询方面还处在区域性阶段，仅依靠本馆的力量单兵作战，这是数字参考咨询的初始，随着大型检索平台的开发完成，导航专家系统的设立，图书馆间合作，数字参考咨询服务工作将得以开展，协作与共享的理想将会实现。

3. 参考咨询服务专家的培养

数字参考咨询服务的实现有三个必不可少的条件，即技术、资源与咨询人员，咨询专家是系统使用者，是资源的守护者，是读者与资源间的桥梁，咨询专家的素质，直接体现在服务效果评价上。

参考咨询服务工作，是融服务与技能于一体的高档次业务，它不与读者面对面进行交流，但要求咨询员有更高的职业公德和责任心，满足读者所需、所想，根据用户具体情况制定检索策略，鉴定、选择检索结果，都需要良好的敬业精神，高尚的职业情操。技能是咨询员具备的技术素质，网络搜索能力、数据库应用能力、学科专业知识等，不仅要求咨询工作者初步了解掌握，而且还要求其能跟上学科发展的进程，不断更新旧知识，以全新的理念与技术服务于用户。

（五）互联网环境下数字图书馆信息服务创新策略

1. 在网络时代，图书馆应丰富和强化有效数据信息，了解读者需求，进一步完善数据资源，为读者提供更准确便利的服务。通过对读者行为信息的挖掘来了解读者的阅读行为模式，并运用关系规则、时间序列等方法，掌握相关兴趣、关联资源、读者习惯等情况，建立数据资源需求意向分析，进而推动用户对数据资源的需求，提升图书馆的核心竞争力。[①]

2. 图书馆应加强人才队伍建设，打破大数据时代下的人才瓶颈。大数据是一项前沿技术的革命，需要不同专业背景经历的人才，操作需要一定的技术专业。因此，大数据专业人才的挖掘和培养应是重点关注的领域。在互联网环境下，智慧图书馆员具有准确对大数据状态、范畴、价值进行分析与预测的能力，能熟练掌握并运用如信息技术、商业智能等多个跨学科领域的技术能力。黄幼菲认为智慧图书馆员应具有一定的专业水准、知识运用能力、危机管理意识、团队协作精神等综合素质。[②]

目前我国图书馆界要保持开放心态，向国外同行和其他相关领先行业学习，推荐优秀图书馆员加入现有科研工作团队中去，通过实践承担"数据监护员"的角色，为图书馆提供数据监护的技能操作及策略。采取有效措施引进或聘请有专业背景的"数据采访"人员，积极培养本土的数据智慧馆员，

---

① 冀枫，单松，陈云芊.互联网环境下数字图书馆信息服务创新研究［J］.创新科技，2017（6）.

② 黄幼菲.图书馆知识服务的扬弃和"飞跃"：公共智慧服务［J］.情报理论与实践，2013（2）.

争取尽快开展实践性探索。

（六）人工智能技术在数字图书馆信息服务中的应用

1. 信息服务形式

在人工智能技术应用过程中，受其自身的性质影响，其应用信息服务形式存在较大的不同，并呈现出不同的功能，具体来说，主要表现在以下几个方面：

首先，合理的智能推送服务，利用人工智能技术的优势将其与信息推送服务相结合，改变传统的推送服务模式，实现智能化推送，在发展过程中构建完善的智能体系，为用户提供便捷优质的服务，满足时代发展的需求。其次，提供优质的智能检索服务，实际上智能检索是人工智能技术应用与研究的重点内容，灵活利用该技术的优势可以有效地实现技术的整合，并满足用户的个性化需求，积极进行创新，加强信息资源的应用。最后，智能辅导服务是指当前以智能搜索、智能代理等先进技术为基础而构建的学习平台，该平台具有较强的技术优势，可以为用户提供优质的服务，提供在线学习、在线答疑等服务，降低用户的学习时间，有效地进行课程学习，根据不同的需求促使用户突破传统的时间与空间限制，积极进行优化，以此来满足人们不同的需求。

2. 未来发展应用趋势

在发展中，人工智能技术应用于数字图书馆信息服务是当前时代发展的必然，也是其主要的方向，具体来说，其发展趋势主要体现在以下两个方面：

第一，人与机器之间的无障碍交流与沟通，进而利用其优势为当前的用户提供优质高效的服务，在创新过程中不断进行完善，建立人机之间的沟通渠道，提升相互信任度，充分发挥出机器自身的优势，构建人机之间、工作人员与用户之间的和谐关系，最大化利用人工智能技术，提供优质的服务。

第二，建立完善的个性化人机服务环境，灵活利用人工智能技术的优势进行创新，加强工作人员与技术的结合，合理进行创新，发挥出自身的引导优势，为用户提供个性化与智能化服务，积极进行合理的创新，为用户营造符合自身需求的学习环境，合理进行协调。

二、数字图书馆信息技术创新

（一）基于微信公众平台的数字图书馆实时虚拟参考咨询服务

所谓实时虚拟参考咨询服务，主要是以交互的形式为用户提供精确的独特的咨询服务，能够使用户拥有更好的阅读体验。现阶段，图书馆使用较多的实时虚拟参考咨询服务主要是基于软件的实时虚拟参考咨询服务系统以及基于即时通信软件的实时参考咨询服务所进行的。在我国，基于软件的实时虚拟参考咨询服务主要包括国家科技图书文献中心的虚拟参考咨询服务系统和中国高等教育文献保障系统的联合虚拟参考咨询系统。[①] 此外，社会上常用的基于即时通信的实时虚拟参考咨询服务技术的软件主要是微信、QQ以及微博。与基于软件的专业的实时虚拟参考咨询服务的高成本相比较，基于即时通信软件的实时虚拟参考咨询服务具有免费性、使用率较高、适用范围较广等优势。

微信公众平台能够推送文字、图片、音频以及视频等内容。支持电脑端、移动终端的使用，可以通过绑定账号即时发布消息。微信公众平台主要有两种管理模式，即编辑模式和开发模式。[②] 微信公众平台的编辑模式页面相对简单，不需要图书馆进行编程开发，只需要绑定账号就能够使用自动回复等基本功能。相对编辑模式的简单，开发模式就具有一定的难度了。开发模式主要是针对具有开发能力和开发技术的运营者，需要微信、公众平台开放开发的接口才能够实现，使用开发模式能够为用户提供更加具有特色的服务。微信公众平台的基本功能丰富，各高校图书馆和公共图书馆纷纷利用微信公众平台的优势开展虚拟咨询服务，以满足用户的多样化和个性化需求。

（二）移动互联技术在数字图书馆中的技术创新

1. 大数据及云计算在图书馆中的技术创新

大数据及云计算技术可以代表两种形式的数字技术，而且这两种技术的

① 赵艳萍. 基于微信公众平台的图书馆实时虚拟参考咨询服务 [J]. 传播力研究，2019（5）.
② 杨丽萍，蒋欣，毕新. 运用 LibAnswers 探索一站式虚拟参考咨询服务 [J]. 图书馆论坛，2018（2）.

应用属于数字图书馆建设的必备技术，有助于提升图书馆的升级速度。现阶段，正处于传统图书馆与数字图书馆相结合的期间，可以借助大数据技术和云计算技术，日益优化文献内容加工工作以及标引工作，实现元数据制作以及全文数据仓储等流程的科学化，对于文献数据处理水平的提升发挥着较为关键的作用。[①] 在实际工作中，大数据技术和云计算技术有助于图书馆海量数据的整合，图书馆在经过长期发展后，往往会积累大量较为复杂的数据资源，这同时也是数字化图书馆管理的宝贵财富，需要相关工作人员就优势文献进行整合，构建专业化的文献数据库，并增强数据库的完整性以及合理性，注重文献数据采集以及购买环节，日益丰富所包含的文献资源。此外，在数字图书馆工作中，工作人员必须大大挖掘大数据所带来的隐藏文献资料价值，不断拓宽文献来源，就文献内容进行优化丰富，致力于为读者提供科学化文献管理服务。

2. 微信、微博在图书馆中的技术创新

微博、微信等类型的社交平台已经获得了广泛应用与普及，同时也是读者获得图书馆信息的重要手段以及方式。在图书馆管理期间的数字技术应用中，需要相关工作人员密切关注并合理选择技术性人才及应用平台，实现社交平台及数字图书馆间的科学对接，增强数字管理平台的有效性，保证可以聚集更多读者。此外，图书馆还必须要运用微博平台以及微信平台等，构建专业化的微博图书馆或者微信图书馆等，进一步扩大读者规模，日益提升为读者服务的水平。在数字技术发展越来越快的背景下，其更新换代周期也日益缩短。例如，5G技术已经在推广应用的路上发展得越来越快，随之而来的是可折叠电子纸以及可穿戴设备等先进技术，上述技术的发展应用，必将会促进数字图书馆不断改革创新。在新的发展形势之下，图书馆需要紧抓数字技术发展前言，了解其发展趋势，借助数字技术更新，实现传统图书馆调整发展，促进数字图书馆快速发展。

---

① 孙治国. 数字技术在图书馆领域的应用创新研究 [J]. 中国高新区，2018（12）.

参考文献

［1］ 常唯，孟连生. 浅析美国数字图书馆研究与建设的历程与趋势［J］. 数字图书馆论坛，2006（6）.

［2］ 陈旭，倪伟伟. 室内空间环境与自然景观的和谐关系［J］. 美术大观，2008（10）.

［3］ 陈燕. 公共图书馆财务管理工作难点与对策研究［J］. 会计师，2018（23）.

［4］ 程焕文. 图书馆有多大 舞台就有多大［J］. 公共图书馆，2013（2）.

［5］ 单传花. 公共图书馆推进和引导网络阅读探析［J］. 黑龙江史志，2012（3）.

［6］ 杜翠灵. 如何构建图书馆全面质量管理体系［J］. 赤峰学院学报（自然科学版），2014，30（18）.

［7］ 杜丽. 论空间社会学的三种理论起源［J］. 湖北工程学院学报，2012，32（6）.

［8］ 段小虎，王稳琴. 基于体验的认知：图书馆文学中的学术思考［J］. 图书馆论坛，2015，35（4）.

［9］ 段知雨. 图书馆管理与资源开发建设［M］. 长春：吉林文史出版社有限责任公司，2021.

［10］ 范红，闫小斌. 现代图书馆空间变迁逻辑与再造实践［J］. 图书馆，2020（4）.

［11］ 高雄. 现代图书馆管理概论［M］. 西安：西安地图出版社，2013.

［12］ 葛元月，邬俊美，周万中，等. 现代人力资源管理［M］. 北京：北京理工大学出版社，2012.

［13］ 郭俊. 图书馆外借服务的人性化与特色化探讨分析［J］. 中文信息，2018

（4）.

［14］胡海波. 泛在网络环境下的政府信息服务［J］. 情报资料工作，2011（3）.

［15］黄东梅. 人力资源管理基础［M］. 合肥：安徽教育出版社，2015.

［16］黄庆波，李焱. 跨国公司经营与管理［M］. 北京：对外经济贸易大学出版社，2016.

［17］黄幼菲. 图书馆知识服务的扬弃和"飞跃"：公共智慧服务［J］. 情报理论与实践，2013（2）.

［18］冀枫，单松，陈云芊. 互联网环境下数字图书馆信息服务创新研究［J］. 创新科技，2017（6）.

［19］李朝云. 图书馆人力资源管理探微［M］. 合肥：安徽大学出版社，2011.

［20］李静，乔菊英，江秋菊. 现代图书馆管理体系与服务研究［M］. 长春：吉林人民出版社，2019.

［21］李静，吴萌. 泛在知识环境下图书馆服务深化策略探析［J］. 图书馆研究，2013（1）.

［22］李松妹. 现代图书馆管理概论［M］. 北京：北京图书馆出版社，2007.

［23］李晓妹. "互联网+"时代高校数字图书馆服务模式创新研究［J］. 数字通信世界，2022（3）.

［24］李豫诚，罗琳. 信息时代图书馆发展与文献建设工作［M］. 成都：电子科技大学出版社，2021.

［25］刘荻，陈长英，刘勤. 现代图书馆资源管理与推广［M］. 北京：光明日报出版社，2017.

［26］刘芳芳，赵晓丹. 图书馆管理与开发利用研究［M］. 天津：天津科学技术出版社，2020.

［27］刘佳佳，陈婧慧，董喜鹏. 浅析数字图书馆联盟的服务共享模式［J］. 科技展望，2016（5）.

［28］刘文文，邱晓辰. 新技术环境下大学图书馆创新与发展研究［M］. 北京：中国商业出版社，2019.

［29］刘月学，吴凡，高音. 图书馆服务与服务体系研究［M］. 咸阳：西北农林科技大学出版社，2018.

［30］龙勇. 基于WEB3.0的个性化信息服务研究［J］. 电子测试，2016（1）.

［31］卢险峰. 数字图书馆网络个性化服务分析［J］. 山西青年，2019（20）.

［32］罗曼，陈定权，唐琼，等. 图书馆质量管理体系研究［M］. 成都：西南交通大学出版社，2009.

［33］马家伟，杨晓莉，姜洋. 图书馆与图书管学概论［M］. 长春：吉林科学技术出版社，2016.

［34］马利华. 图书馆信息管理与服务研究［M］. 延吉：延边大学出版社，2019.

［35］欧琼妍. 泛在知识环境下智慧图书馆服务模式探究［J］. 教育教学论坛，2020（37）.

［36］戚颖. 浅析"天人合一"哲学思想对园林的影响及应用［J］. 宁夏农林科技，2019，60（5）.

［37］阮光册，杨飞. 公共图书馆管理与服务［M］. 上海：上海科学技术文献出版社，2015.

［38］师美然，张颖，张雯. 图书馆创新与现代管理研究［M］. 长春：吉林人民出版社，2019.

［39］隋静，高樱. 管理会计学　第2版［M］. 北京：北京交通大学出版社，2018.

［40］孙治国. 数字技术在图书馆领域的应用创新研究［J］. 中国高新区，2018（12）.

［41］泰戈尔. 泰戈尔散文选［M］. 白开元，译. 天津：百花文艺出版社，2005.

［42］谭晓君. 图书馆管理与服务创新研究［M］. 天津：天津科学技术出版社，2018.

［43］唐莉华. 探讨图书馆人力资源管理的新理念与新举措［J］. 办公室业务，2016（21）.

［44］王琳，陈军，何谋忠. 信息检索与利用［M］. 兰州：甘肃文化出版社，2016.

［45］王一扉. 图书馆馆长工作实用百科中［M］. 长春：银声音像出版社，2004.

［46］王曰芬，王倩，王新昊. 情报研究工作中的知识库与知识社区的构建研究［J］. 情报理论与实践，2005（3）.

［47］王知津，谢瑶. 基于知识社区的E-LEARNING及实例分析［J］. 情报资料工作，2008（3）.

［48］徐建华. 现代图书馆管理［M］. 天津：南开大学出版社，2003.

［49］闫闵，过仕明. 高校数字图书馆知识服务模式创新研究—基于读者行为偏好

［J］．情报科学，2018（5）．

［50］杨丰全．新形势下图书馆创新性管理与服务［M］．长春：东北师范大学出版社，2018．

［51］杨杰清．现代图书馆管理实务［M］．北京：现代出版社，2019．

［52］杨丽萍，蒋欣，毕新．运用 LIBANSWERS 探索一站式虚拟参考咨询服务［J］．图书馆论坛，2018（2）．

［53］杨睿．图书馆人性化服务理念的思考［J］．才智，2017（15）．

［54］易宪容．金融市场与制度安排［M］．北京：经济科学出版社，1999．

［55］张萍．公共图书馆的财务管理工作研究［J］．卷宗，2021（4）．

［56］张勇，余子牛，郑障飞，等．继承与弘扬公共图书馆精神，推进公共图书馆事业的可持续发展［J］．图书馆，2005（1）．

［57］赵春辉．数字图书馆管理与服务创新研究［M］．长春：吉林文史出版社，2017．

［58］赵桂华．图书馆外借服务的人性化与特色化［J］．文化创新比较研究，2017（36）．

［59］赵晓燕，孙梦阳．市场营销管理理论与应用 第2版［M］．北京：北京航空航天大学出版社，2014．

［60］赵艳萍．基于微信公众平台的图书馆实时虚拟参考咨询服务［J］．传播力研究，2019（5）．

［61］中国农业科学院农业信息研究所．农业信息技术与信息管理2005［M］．北京：中国农业出版社，2006．

［62］钟继青．试论图书馆人力资源管理的新理念［J］．情报杂志，2004（10）．

［63］邹群玲．高校图书馆学科化知识服务模式的应用探索［J］．现代职业教育，2017（31）．